Jiddu Krishnamurti

MÁS ALLÁ DE
LA VIOLENCIA

Reflexiones sobre el origen
y el fin del sufrimiento

editorial Kairós

Título original: BEYOND VIOLENCE

© 1973 Krishnamurti Foundation Trust Ltd.
Brockwood Park, Bramdean, Hampshire S024 OLQ, England

© de la presente edición en lengua española:
2007 by Editorial Kairós, S. A.

Editorial Kairós, S.A.
Numancia 117-121, 08029 Barcelona, Spain
www.editorialkairos.com

Nirvana Libros S.A. de C.V.
3ª Cerrada de Minas 501-8, Col. Arvide, 01280 México, D.F.
www.nirvanalibros.com.mx

La presente edición en lengua española ha sido contratada –con la licencia
de la Krishnamurti Foundation Trust Ltd (KFT) www.kfoundation.org, e-mail:
kft@brockwood.org.uk– con la Fundación Krishnamurti Latinoamericana (KFL),
Apartado 5351, 08080 Barcelona, España, www.fkla.org, e-mail: fkl@fkla.org.

Traducción: Armando Clavier
Revisión: Ángel Herraiz
Corrección: Amelia Padilla

Fotocomposición: Grafime. Mallorca 1. 08014 Barcelona
Tipografía: Times, cuerpo 11, interlineado 12,8
Impresión y encuadernación: Romanyà-Valls. Verdaguer, 1. 08786 Capellade

Primera edición: Septiembre 2007
I.S.B.N.: 978-84-7245-651-8
Depósito legal: B-38.573/2007

Este libro ha sido impreso con papel certificado FSC, proviene de fuentes respetu)sas
con la sociedad y el medio ambiente y cuenta con los requisitos necesarios par/ ser
considerado un "libro amigo de los bosques".

SUMARIO

CHARLAS Y DISCUSIONES

PARTE I
1. La existencia 9
2. La libertad. 23
3. Revolución interna 37
4. La religión. 51

PARTE II
5. El miedo. 69
6. La violencia 81
7. La meditación 95

PARTE III
8. Control y orden 111
9. La verdad 123
10. La mente religiosa. 139

PARTE IV
11. La mente sin condicionamientos 159
12. Fragmentación y unidad 171

PARTE V
13. La revolución psicológica. 183

Fundaciones 197

PARTE I

1. LA EXISTENCIA

«EL HOMBRE ha progresado tecnológicamente de forma increíble, pero a pesar de ello continúa siendo como ha sido durante miles de años: pendenciero, codicioso, envidioso, violento y agobiado por grandes sufrimientos.»

Me gustaría hablar sobre el problema de la existencia en su totalidad. Probablemente ustedes saben tan bien como el que habla lo que está ocurriendo realmente en el mundo: un caos total, desorden, violencia, formas de brutalidad extrema, tumultos que terminan en guerra. Nuestra vida es extraordinariamente difícil, confusa y contradictoria no sólo dentro de nosotros mismos –como si se tratara de algo bajo la epidermis–, sino también en lo externo. La destrucción es absoluta. Todos los valores van cambiando de día en día, no hay respeto, ni autoridad, y nadie tiene fe en nada, sea lo que fuere; ni en la iglesia, ni en la sociedad establecida, ni en filosofía alguna. De manera que uno está absolutamente solo para averiguar por sí mismo qué ha de hacer en este mundo caótico. ¿Cuál es la acción correcta?... si es que existe algo así.

Estoy seguro de que cada uno de nosotros se preguntará qué es una conducta correcta. Se trata de una cuestión muy seria, y espero que los que se hallan aquí reunidos sean realmente serios, porque ésta no es una reunión de entretenimiento filosófico o religioso. No estamos apoyando ninguna teoría o filosofía, ni presentando ideas exóticas procedentes de Oriente. Lo que vamos a hacer juntos es examinar los hechos como son, muy atenta y objetivamente, no de manera sentimental o emocional. Para explorar de esa forma, tenemos que estar libres de prejuicios, libres de cualquier condicionamiento, de cualquier filosofía o creencia. Y si queremos descubrir, vamos a explorar juntos pausadamente, pacientemente, con detenimiento. Así actúan los buenos científicos, que miran a través de un microscopio y ven exactamente lo mismo. Porque si uno es un hombre de ciencia y usa un microscopio en el laboratorio, tiene que mostrarle lo que ve a otro científico, de manera que ambos veamos exactamente lo que es. Y eso es lo que vamos a hacer. No tendremos aquí el microscopio de ustedes o el del que habla: habrá únicamente un instrumento de precisión a través del cual vamos a observar y aprender mientras observamos. No aprenderemos de acuerdo con el temperamento, el condicionamiento o la creencia particular de cada uno; sólo observaremos lo que realmente es, y así aprenderemos. Y en el aprender está la acción; el aprender no está separado de la acción.

Por lo tanto, primero vamos a entender lo que significa el término "comunicar". Inevitablemente tenemos que usar palabras, pero es mucho más importante ir más allá de las palabras. Eso significa que ustedes y el que habla haremos juntos un viaje de investigación, donde cada cual estará en comunicación constante con el otro, o sea, participando juntos, explorando, observando juntos. Porque esa palabra "comunicación" significa "participar, compartir". De modo que no habrá maestro ni discípulo ni orador a quien se deba escuchar, para estar de acuerdo o en desacuerdo con él; lo cual sería absurdo. Si estamos comunicándonos, entonces no es cuestión de que haya acuerdo o desacuerdo, porque todos estamos observando, todos estamos examinando, sin tener en cuenta el punto de vista de ustedes o el punto de vista del que habla.

Por eso es muy importante inquirir cómo se ha de observar, cómo se ha de mirar con ojos limpios, cómo escuchar de manera que no haya distorsión. La responsabilidad de participar en esta discusión es tanto de ustedes como del que les habla: vamos a trabajar juntos. Hay que comprender esto muy claramente desde el principio: no nos dejaremos dominar por ningún tipo de sensiblería o sentimentalismo.

Si eso está claro, que ustedes y el que les habla, por estar libres de prejuicios, de creencias, de nuestro particular condicionamiento y conocimiento, nos sentimos libres para examinar, entonces, podemos seguir adelante, pero teniendo en cuenta que estamos usando un instrumento de precisión –el microscopio– y que todos tenemos que ver lo mismo, porque, de lo contrario, no es posible que nos comuniquemos. Como ésta es una cuestión muy seria, ustedes tienen que estar libres, no sólo para examinarla, sino también para aplicarla y ponerla a prueba en la vida diaria. No se trata de conservarla como una mera teoría o como un código de conducta cuya meta tratan de alcanzar.

Miremos ahora lo que está ocurriendo realmente en el mundo. Hay violencia de toda clase, no sólo externamente, sino también en nuestras relaciones mutuas. Hay infinidad de divisiones nacionalistas y religiosas entre los hombres, cada uno contra el otro, tanto política como individualmente. Viendo toda esta tremenda confusión, este inmenso sufrimiento, ¿qué hará usted? ¿Puede usted esperar que alguien le diga lo que ha de hacer?, ¿bien sea el sacerdote, el especialista o el analista? Ellos no han traído paz o felicidad, alegría o libertad al vivir. Por lo tanto, ¿a quién va usted a recurrir? Si asume la responsabilidad de su propia autoridad como individuo, porque ya no tiene fe en la autoridad exterior –y usamos la palabra "autoridad" deliberadamente en un sentido particular de dicha palabra–, entonces, como individuo, ¿recurrirá internamente a su propia autoridad?

La palabra "individualidad" significa "indivisible", no fragmentado. La individualidad envuelve una totalidad, el todo, y la palabra "todo" significa saludable, sagrado. Pero usted no es un individuo, no tiene una mente sana, porque está hecho pedazos, fraccionado en sí mismo; está en contradicción consigo mismo, separado, y, por lo tanto, no es un individuo en absoluto. Así pues, ¿cómo puede usted, dentro de esta fragmentación, esperar que un fragmento asuma autoridad sobre los demás fragmentos?

Por favor, observe esto con detenimiento, ahora que lo estamos examinando. Vemos que la educación, la ciencia, la religión organizada, la propaganda y la política han fracasado. Ellas no nos han traído la paz, aun cuando el hombre ha progresado tecnológicamente de forma increíble. Éste, sin embargo, continúa tal como ha sido durante millares de años: pendenciero, codicioso, envidioso, violento y agobiado por grandes sufrimientos. Éste es el hecho; no es una suposición.

Para determinar qué haremos, por lo tanto, en un mundo tan perturbado, tan brutal, tan completamente infeliz, tenemos que examinar no sólo qué es el vivir –cómo es en realidad–, sino también tenemos que comprender lo que es el amor y qué significa morir. Asimismo debemos comprender lo que el hombre ha estado tratando de encontrar durante miles de años: si existe una realidad que trasciende todo pensamiento. Mientras no comprendamos la complejidad de este cuadro, el preguntarnos: «¿Qué voy a hacer respecto de un fragmento en particular?» no tiene sentido de ninguna manera. Tenemos que comprender la totalidad de la existencia, no simplemente una parte de ella, no importa lo tediosa, lo agonizante, lo brutal que esa parte sea, tenemos que ver el cuadro total, todo el panorama de lo que es el amor, de lo que es la meditación, si existe eso que llaman Dios, lo que significa vivir. Tenemos que comprender este fenómeno de la existencia como un todo. Únicamente entonces podremos formular la pregunta: «¿Qué debo hacer?». Y si vemos ese cuadro completo, probablemente nunca formularemos la pregunta, entonces estaremos viviendo, y ese vivir será la acción correcta.

Así pues, veamos primero lo que es vivir y lo que no es vivir. Tenemos que comprender lo que significa la palabra "observar". Ver, oír, aprender. ¿Qué significa "ver"?

El estar juntos mirando algo no significa que formamos una unidad, sino que ustedes y el que les habla estamos en actitud de mirar. ¿Qué significa esa palabra, "mirar"? Hay que saber el arte de mirar, cosa que es muy difícil. Probablemente usted nunca ha mirado un árbol, porque cuando de veras lo mira, surgen todos sus conocimientos botánicos, los cuales impiden verlo como realmente es. Es posible que tampoco haya mirado nunca a su mujer o a su esposo, o a su novio o novia, porque usted tiene una imagen de él o de ella. La imagen que usted ha construido de él o de ella, o sobre usted mismo, va a ser un estorbo en el momento de mirar. Por lo tanto, cuando mira hay distorsión, surge la contradicción. De manera que para mirar realmente, tiene que haber relación entre el observador y lo observado. Escuche, por favor, porque este asunto requiere gran cuidado. Usted sabe que cuando siente interés por algo, realmente lo observa con gran cuidado, lo cual significa que está movido por un gran afecto; entonces es capaz de observar.

Así pues, mirar juntos significa observar con cuidado, con afecto, de manera que juntos veamos la misma cosa. Pero primero debemos estar libres de la imagen que tenemos de nosotros mismos. Por favor, hágalo a medida que se va explicando todo; el que le habla es simplemente un espejo y, por lo tanto, lo que usted ve es a sí mismo en el espejo. El que le habla no tiene, pues, importancia alguna; lo importante es lo que usted ve en ese espejo. Y para ver con claridad y precisión, sin distorsión alguna, toda clase de imagen debe desvanecerse –la imagen de que usted es americano o católico, de que usted es un hombre rico o pobre–; todos sus prejuicios tienen que desaparecer, y éstos desaparecen tan pronto ve claramente lo que está frente a usted, porque lo que uno ve es mucho más importante que lo que "debe hacer" en relación con lo que ve. Cuando usted ve algo con toda claridad, esa claridad actúa. Sólo la mente caótica, confusa, que selecciona, es la que pregunta: «¿Qué debo hacer?». Existe el peligro del nacionalismo, de la división entre las gentes; esa división constituye un enorme peligro porque en la división hay inseguridad, guerra, incertidumbre. Pero cuando la mente ve muy claramente el peligro de la división –no de manera intelectual o emotiva, sino que, de hecho, lo ve–, entonces surge una clase de acción totalmente distinta.

Es muy importante, pues, aprender a ver, a observar. ¿Y qué es lo que observamos? No es únicamente el fenómeno externo, sino también el estado interno del hombre. Porque a menos que haya una revolución radical y fundamental en la psique, en la misma raíz de nuestro ser, el mero reajuste, la mera legislación en la periferia, tendrá muy poco sentido. De manera que sólo nos interesa averiguar si el hombre, tal como es, puede transformarse radicalmente a sí mismo, no de acuerdo con una teoría o filosofía en particular, sino viendo realmente lo que es. Esa misma percepción de "lo que es" efectuará el cambio radical. Y poder ver "lo que es" tiene gran importancia: no lo que él cree que es, ni lo que le dicen que es.

Hay una gran diferencia entre ser informado de que uno tiene hambre y el estar en realidad hambriento. Los dos estados son completamente distintos. En el segundo caso, usted sabe que está hambriento al percibir y sentir el hambre directamente; entonces actúa. Pero si alguien le dice que puede que usted tenga hambre, llevará a cabo una actividad completamente distinta. De igual manera tenemos que observar y ver por nosotros mismos lo que realmente somos. Y eso es lo que vamos a hacer: conocernos a nosotros mismos. Se ha dicho que el conocimiento de uno mismo es la más alta sabiduría, pero pocos lo hemos logrado. No tenemos la paciencia, la intensidad o la pasión, para averiguar lo que somos. Tenemos la energía, pero hemos transferido esa energía a otros, y por eso necesitamos que nos digan lo que somos.

Vamos a averiguar esto, observándonos a nosotros mismos, porque tan pronto ocurra un cambio radical en lo que somos, traeremos la paz al mundo. Tenemos que vivir libremente; no para hacer lo que nos guste, sino para vivir felices, jubilosos. Un hombre que tiene el corazón lleno de júbilo no siente odio ni violencia, ni acarreará la destrucción de otro. Ser libre significa que no hay condenación, en forma alguna, de lo que vemos en nosotros mismos. La mayoría de nosotros condenamos o interpretamos o justificamos; nunca miramos sin justificar o condenar. Por lo tanto, lo primero que tenemos que hacer –y probablemente será lo último que tengamos que hacer– es observar sin condenar de ninguna forma. Esto va a ser muy difícil, porque toda nuestra cultura, nuestra tradición consiste en comparar, justificar o condenar lo que somos. Decimos «esto es correcto», «esto está equivocado», «esto es cierto», «esto es falso», «esto es bello», lo cual nos impide observar lo que realmente somos.

Escuchen esto, por favor: ustedes son una cosa viva, y cuando condenan lo que ven en ustedes mismos, lo hacen con un recuerdo que está muerto, que es el pasado. Por lo tanto, hay contradicción entre lo que es algo vivo y el pasado. A fin de comprender lo que está vivo, el pasado tiene que des-

vanecerse, de manera que podamos observar. Ustedes están
haciendo esto ahora, mientras hablamos; no van a regresar a
sus hogares para pensar sobre ello, porque desde el momento
en que piensen al respecto, están liquidados. Esto no es tera-
pia de grupo, ni una confesión pública; eso implica inmadu-
rez. Lo que hacemos es explorar dentro de nosotros mismos
como científicos, sin depender de nadie. Si confían en alguien están perdidos, no importa que sea un analista, su sacerdote, su propia memoria o su propia experiencia, porque
eso es el pasado. Y si están mirando el presente con los ojos
del pasado, nunca comprenderán lo que es la cosa viva.

Así que estamos examinando juntos esta cosa viva que
es usted, la vida, o lo que sea. Esto significa que miramos
este fenómeno de la violencia, observando primero la violencia en nosotros mismos y luego la externa. Cuando hayamos
comprendido la violencia en nosotros mismos, puede que entonces no sea necesario observar la externa, porque lo que somos internamente es lo que proyectamos fuera. Esa violencia
en nosotros mismos es el resultado de la propia naturaleza, de
la herencia o de la llamada evolución.

Esto es un hecho: somos seres humanos violentos. Hay
miles de explicaciones para esta violencia. Si nos regodeamos
en ellas podemos extraviarnos porque cada especialista dice:
«Ésta es la causa de la violencia». Mientras más explicaciones recibimos, más seguros estamos de haber comprendido,
pero la cosa continúa igual. Tengan siempre en cuenta, por
favor, que la descripción no es la cosa descrita; la explicación
no es lo explicado. Hay muchas explicaciones que son razo-
nablemente sencillas y obvias –ciudades hacinadas, exceso
de población, herencia, etcétera–; podemos dejar todo eso a
un lado. El hecho sigue siendo el mismo: que somos gente
violenta. Desde la niñez nos educan para ser violentos, competidores, brutales los unos con los otros. Nunca nos hemos

enfrentado al hecho. Lo que hemos dicho es: «¿Qué debemos hacer con la violencia?».

Por favor, escuchen esto con cuidado, o sea, con afecto, con atención. Tan pronto formulamos la pregunta: «¿Qué debemos hacer con ella?», la contestación siempre será de acuerdo con el pasado. Porque es lo único que conocemos: toda nuestra existencia tiene sus raíces en el pasado; nuestra vida *es* el pasado. Si alguna vez nos hemos mirado debidamente, habremos visto de qué manera extraordinaria estamos viviendo en el pasado. Todo pensamiento –lo que examinaremos dentro de poco– es la respuesta del pasado, la respuesta de la memoria, del conocimiento y de la experiencia. De modo que el pensamiento nunca es nuevo, nunca es libre. Con este proceso del pensar es como miramos la vida, y, por lo tanto, cuando preguntamos: «¿Qué debo hacer con la violencia?», ya hemos escapado del hecho.

¿Podremos, pues, aprender, observar, qué es la violencia? ¿Cómo la mira usted? ¿La condena? ¿La justifica? Si no lo hace así, entonces, ¿cómo la mira? Por favor, vaya experimentando esto mientras hablamos de ello; es tremendamente importante que lo haga. ¿Mira usted este fenómeno, el violento ser humano que es usted mismo, como un extraño que mira dentro de usted? ¿O lo mira sin el extraño, sin el censor? Cuando mira, ¿lo hace como un observador, que es diferente de lo observado, como alguien que dice: «No soy violento, pero deseo deshacerme de la violencia»? Cuando mira de esa manera está asumiendo que un fragmento es más importante que los demás fragmentos.

Cuando miramos como un fragmento que mira otros fragmentos, entonces ese fragmento ha asumido autoridad, y ese fragmento causa contradicción y, por lo tanto, conflicto. Pero si podemos mirar sin fragmento alguno, entonces observamos la totalidad sin el observador. ¿Está usted escuchando esto?

Hágalo, pues, señor. Porque entonces verá que ocurre una cosa extraordinaria, entonces no tendrá conflicto de ningún tipo. Nosotros somos el conflicto y es con el conflicto como vivimos. Estamos todo el tiempo en conflicto, en lucha constante, y en contradicción, en casa, en la oficina y mientras dormimos.

Resulta claro, pues, que hasta que no comprenda usted mismo la raíz de esta contradicción –no de acuerdo con el que le habla, ni de acuerdo con nadie– no disfrutará de una vida de paz, alegría y felicidad. De manera que es esencial que comprenda cuál es la causa del conflicto y, por lo tanto, de la contradicción, y cuál es su raíz. La raíz es esa división entre el observador y lo observado. El observador dice: «Debo deshacerme de la violencia», o «estoy viviendo una vida de no violencia», aun cuando él *es* violento; lo cual es un pretexto, es hipocresía. Por lo tanto, es sumamente importante averiguar la causa de esa división.

Esta persona que están ustedes escuchando no tiene autoridad alguna, no es su maestro, porque no existe *gurú*, ni seguidor alguno; sólo hay seres humanos tratando de descubrir una vida sin conflicto, para vivir pacíficamente, para vivir con gran abundancia de amor. Pero si siguen ustedes a alguien, están destruyéndose ustedes mismos y también al otro. (*Aplausos.*) No aplaudan, por favor. No estoy tratando de entretenerlos, ni buscando sus aplausos. Lo que importa es que ustedes y yo comprendamos, y que vivamos una vida diferente, no esta vida estúpida que llevamos. Y su aplauso, su aceptación o rechazo no cambia ese hecho.

Es muy importante que comprendamos por nosotros mismos, que veamos, mediante la propia observación, que el conflicto existirá eternamente mientras haya división entre el observador y lo observado. En nosotros se manifiesta esa división, como el "yo", como el "ego", como el "mí" que trata de ser diferente de otra persona. ¿Está eso claro? Esa clari-

dad existe cuando uno ve el conflicto por sí mismo. No se trata de una mera claridad verbal, el oír una serie de palabras o
ideas. Significa que uno mismo ve muy claramente, y por lo
tanto sin elección, la forma en que esa división entre el observador y lo observado causa daño, confusión y sufrimiento.
De manera que cuando somos violentos, ¿podemos mirar esa
violencia en nosotros sin el recuerdo, la justificación, la aseveración de que no debemos ser violentos, sino simplemente
mirar? Lo cual significa que debemos estar libres del pasado.
Para mirar necesitamos gran energía, apasionamiento. Sin pasión no podemos mirar. A menos que tengamos gran pasión y
energía, no podremos mirar la belleza de una nube, o las maravillosas montañas que hay aquí. De la misma manera, para
poder mirarse uno mismo sin el observador, se requiere una
pasión y energía tremendas. Y esa pasión, esa intensidad, se
destruye cuando comenzamos a condenar, a justificar, cuando decimos: «no debo», «debo», o cuando decimos: «Estoy
viviendo una vida de no violencia», o aparentamos vivir una
vida de no violencia.

Por esa razón todas las ideologías son sumamente destructivas. Las gentes de la India han hablado sobre la no violencia desde tiempos inmemoriales, y han dicho: «Nosotros
practicamos la no violencia». Son, sin embargo, tan violentos
como cualquier otro pueblo. El ideal les produce cierta sensación de poder escapar hipócritamente del hecho. Si podemos
descartar todas las ideologías, todos los principios, y simplemente afrontamos el hecho, entonces nos enfrentaremos con
algo real, no con algo místico ni teórico.

De ahí que lo primero sea observar sin el observador; mirar a la esposa, los hijos, sin la imagen. La imagen puede
que sea superficial, o que esté escondida en lo inconsciente;
por eso tenemos que observar no sólo la imagen que hemos
construido externamente, sino también aquellas imágenes

que moran en los abismos profundos del ser: la imagen de la raza, de la cultura, la perspectiva histórica de la imagen que tenemos de nosotros mismos. Debemos observar, pues, no sólo en el nivel consciente, sino también en el nivel oculto, en los lugares más recónditos de nuestra propia mente.

No sé si usted ha observado alguna vez lo inconsciente. ¿Está interesado en todo esto? ¿Sabe lo difícil que es todo esto? Es muy fácil citar a alguien, o repetir lo que nuestro analista o el profesor nos ha dicho; eso es un juego de niños. Pero si usted no se limita meramente a leer libros sobre estas cosas, entonces esa observación resulta ser extraordinariamente difícil. Parte de su meditación consiste en averiguar cómo mirar lo inconsciente, pero no gracias a los sueños, ni por medio de la intuición, porque su intuición puede ser su anhelo, su deseo, su esperanza oculta. Por eso tiene que averiguar cómo ha de mirar la imagen que ha creado sobre usted externamente –el símbolo– y también cómo mirar profundamente dentro de sí mismo.

Tenemos que darnos cuenta no sólo de las cosas externas, sino también del movimiento interno de la vida, del movimiento interno de los deseos, motivos, ansiedades, temores, sufrimientos. Desde luego, darnos cuenta sin elección es darnos cuenta del color de la ropa que alguien usa, sin decir «me gusta», o «no me gusta», sino simplemente observar; mientras estamos sentados en un autobús observar el movimiento de nuestro propio pensamiento, sin condenar, sin justificar, sin elegir. Cuando miramos de ese modo vemos que no existe el "observador". El observador es el "censor", el americano, el católico, el protestante; él es el resultado de la propaganda; él es el pasado, y cuando el pasado mira, es inevitable que separe, condene o justifique. Supongamos que hay un hombre hambriento, que está realmente sufriendo. ¿Diría éste: «Si hago esto, recibiré aquello»? Él desea librarse del sufrimiento o desea llenar su estómago; nunca habla de teorías. De manera, señor, si me permite que le haga una sugerencia, líbrese usted mismo de la idea del "si" condicional. No viva en alguna parte en el futuro; el futuro es lo que usted proyecta *ahora*. El ahora es el pasado; eso es lo que usted es cuando dice: «Estoy viviendo ahora». Usted está viviendo en el pasado, porque el pasado le está dirigiendo y moldeando, los recuerdos del pasado le obligan a actuar de esta o aquella manera.

Por lo tanto, "vivir" es estar libre del tiempo; y cuando usted dice "si", está introduciendo el tiempo. Y el tiempo constituye el más grande sufrimiento.

INTERLOCUTOR: *¿Cómo podemos ser realmente nosotros mismos en nuestra relación con los otros?*

KRISHNAMURTI: Escuchen esa pregunta: «ser nosotros mismos». Si se me permite preguntar: ¿qué es "usted mismo"? Cuando usted dice «nosotros mismos en nuestra relación con otro», ¿qué es usted mismo? Su ira, su amargura, sus frustraciones, sus desesperanzas, su violencia, sus esperanzas, su absoluta falta de amor... ¿es eso lo que usted es? No, señor, no diga: «¿Cómo puedo ser yo mismo con otros?». Usted no se conoce a sí mismo. Usted es todo eso, y el otro es todo eso también: su miseria, sus problemas, sus caprichos, sus frustraciones, sus ambiciones; cada uno vive en aislamiento, en exclusión. Usted puede vivir con otro felizmente sólo cuando esas barreras, esas resistencias, desaparecen.

I.: *¿Por qué separa lo consciente de lo inconsciente cuando usted no cree en la separación?*

K.: Eso es lo que *usted* hace; ¡yo no! (*Risas.*) Durante las últimas décadas se les ha enseñado que tienen un inconsciente, y sobre eso se han escrito volúmenes; los psicoanalistas están amasando fortunas con eso. El agua sigue siendo agua: no importa que la pongamos en un receptáculo de oro o en un jarro de barro, siempre es agua. De la misma manera, nuestro problema es dividir, no ver la totalidad, sino ver un fragmento en particular como lo consciente o como lo inconsciente. El ver la totalidad es una de las cosas más difíciles de realizar, mientras que ver un fragmento es bastante fácil. Para ver algo como un todo, lo cual significa verlo cuerdamente, sanamente, completamente, no podemos mirar desde un centro: el centro que se manifiesta como "el yo", "el tú", "el ellos", "el nosotros".

Esto no es un discurso, no es una charla o conferencia que ustedes escuchan a la ligera y luego se marchan. Se están escuchando a ustedes mismos; si tienen oídos para oír lo que se dice, no podrán limitarse a estar de acuerdo o discrepar: eso está ahí. Por lo tanto, todos estamos participando de eso, estamos comunicándonos, estamos trabajando juntos. En ello hay gran libertad, gran afecto, compasión, y, después de todo, *de ahí* surge la comprensión.

Santa Mónica, California
1 de marzo de 1970

2. LA LIBERTAD

«A MENOS que la mente esté absolutamente libre del temor, toda clase de acción engendra más perjuicio, más desdicha, más confusión.»

Decíamos cuán importante es que se realice un cambio fundamental en la psique humana, y que este cambio puede surgir únicamente si hay completa libertad. Esa palabra, "libertad", es muy peligrosa a menos que comprendamos su sentido cabal y absoluto, tenemos que aprender todas las implicaciones de esa palabra, y no sólo su significado según el diccionario. La mayoría de nosotros la usamos conforme a nuestra particular tendencia, o capricho, o políticamente. No vamos a usar esa palabra en un sentido político o circunstancial; más bien penetraremos en su significado interno y psicológico.

Pero antes tenemos que comprender el significado de la palabra "aprender". Como dijimos el otro día, vamos a comunicarnos todos –lo cual significa participar, compartir juntos–, y el aprender forma parte de ello. Ustedes no van a aprender del que les habla, sino que aprenderán observando, utilizando al que les habla como un espejo para observar el movimiento de su propio pensamiento, del propio sentir, de la psique, de la propia psicología. No hay autoridad alguna en que quien les habla tenga que sentarse en una tarima por motivos prácticos; esa posición no le confiere ninguna autoridad. Podemos, pues, descartar eso por completo y considerar la cuestión del aprender, pero no aprender de otro, sino valerse del que les habla para aprender acerca de uno mismo. Ustedes están aprendiendo al observar su propia psique, su propio ego, lo que sea. Para aprender tiene que haber libertad, un gran interés, y tiene que haber intensidad, pasión y urgencia. No podrán aprender si les falta pasión o energía para investigar. Si existe cualquier clase de prejuicio, cualquier predisposición de agrado o desagrado, de condenación, no es posible aprender, porque entonces uno tan sólo distorsiona lo que observa.

La palabra disciplina implica aprender de una persona que sabe; se supone que usted no sabe, y por lo tanto, aprende de otro. Eso está implícito en lo que llamamos "disciplina". Pero cuando aquí usamos esa palabra, no indicamos cómo aprender de otro, sino cómo observarse uno mismo. Esto último requiere una disciplina que no es represión, imitación, o conformidad, ni siquiera ajuste, sino realmente observación. Esa misma observación es un acto de disciplina. Ese mismo acto de aprender es su propia disciplina, en el sentido de que hay que prestar mucha atención, y se requiere gran energía, intensidad y acción instantánea.

Vamos a hablar sobre el temor, y al examinar el asunto tenemos que considerar muchas cosas, porque el temor es un problema muy complejo. A menos que la mente esté absolutamente libre del temor, toda acción engendra más perjuicio, más desdicha, más confusión. De manera que vamos a investigar juntos sobre las repercusiones del temor y si es posible estar completamente libres de él: no mañana, no en alguna fecha futura, sino que al abandonar este recinto, deje de existir para ustedes la carga, la oscuridad, la desdicha y la corrupción del temor.

A fin de comprender esto debemos examinar también la idea que tenemos de lo gradual, es decir, la idea de irnos deshaciendo gradualmente del miedo. No existe la posibilidad de deshacerse del miedo de forma gradual. O está uno completamente libre de él, o no lo está; no existe lo gradual, que implica tiempo; no sólo tiempo en el sentido cronológico de la palabra, sino también en el sentido psicológico. El tiempo es la esencia misma del temor, según señalaremos luego. Por lo tanto, para comprender y estar libre del temor y del condicionamiento en que se nos ha educado, la idea de hacerlo lenta, eventualmente, tiene que terminar por completo. Ésa va a ser nuestra primera dificultad.

Si se me permite señalarlo otra vez, esto no es una conferencia, es más bien el caso de dos personas amigas y afectuosas que inquieren juntas sobre un problema muy difícil. El hombre ha vivido con temor, lo ha aceptado como parte de su vida, y estamos indagando sobre la posibilidad, o más bien la "imposibilidad", de acabar con él. Ustedes saben que lo que es posible ya está hecho, ya ha terminado; ¿no es así? Si es posible podemos hacerlo. Pero lo que es imposible se torna posible únicamente cuando comprendemos que no hay mañana en absoluto; hablando desde el punto de vista psicológico. Nos enfrentamos al extraordinario problema del temor, del cual el hombre nunca ha podido deshacerse por completo. Nunca ha podido deshacerse de él, no sólo físicamente, sino también interna o psicológicamente; siempre ha escapado de él mediante formas de entretenimiento, bien sean religiosas o de otra índole. Y esos escapes han constituido una evasión de "lo que es". Nos preocupa, pues, la "imposibilidad" de estar completamente libres del temor; por tanto, lo que es "imposible" se torna posible.

¿Qué es el temor realmente? Los temores físicos pueden ser comprendidos de manera relativamente fácil, pero los temores psicológicos son mucho más complejos, y a fin de comprenderlos tiene que haber libertad para inquirir, no para formar opinión, ni para indagar dialécticamente en la posibilidad de terminar con el temor. Pero examinemos primero la cuestión de los temores físicos, los que naturalmente afectan a la psique. Cuando nos encontramos con un peligro de cualquier clase, surge instantáneamente una respuesta física. ¿Es eso temor?

(Ustedes no están aprendiendo de mí; todos estamos aprendiendo juntos; y, desde luego, deben prestar gran atención porque no está bien que vengamos a una reunión de esta clase para regresar con alguna serie de ideas o creencias; eso no libera a la mente del temor. Pero lo que sí libera a la mente del temor de manera completa y absoluta es comprenderlo totalmente *ahora,* no mañana. Es como ver algo de una manera total y completa; y lo que ustedes ven lo comprenden. Entonces es de ustedes y de nadie más.)

Existe, pues, el temor físico, como mirar un precipicio o encontrarse con un animal salvaje. ¿Es temor físico la respuesta a ese peligro, o es inteligencia? Nos encontramos con una serpiente y respondemos de inmediato. Esa respuesta es el condicionamiento pasado que dice: «ten cuidado», y la reacción psicosomática es inmediata, aunque condicionada; es el resultado del pasado porque a usted le habían dicho que el animal era peligroso. Al afrontar un peligro físico, ¿hay temor? ¿O es la respuesta de la inteligencia a la necesidad de autoconservación?

Existe también el miedo a experimentar un dolor físico o enfermedad que se ha tenido previamente. ¿Qué ocurre en este caso? ¿Es eso inteligencia? ¿O es una acción del pensamiento, que es la respuesta de la memoria, temerosa de que el dolor sufrido en el pasado pueda repetirse? ¿Está claro el hecho de que el pensamiento produce temor? Existen además diversas formas de temores psicológicos: miedo a la muerte, miedo a la sociedad, miedo a no ser respetable, miedo a lo que la gente pueda decir, miedo a la oscuridad, etcétera.

Antes de examinar la cuestión de los temores psicológicos, tenemos que comprender algo muy claramente: no estamos analizando. El análisis no tiene ninguna relación con la observación, con el ver. En el análisis siempre están el analizador y lo analizado. El analizador es un fragmento de los muchos otros fragmentos de que estamos compuestos. Un fragmento asume la autoridad del analizador y comienza a analizar. Ahora bien, ¿qué está involucrado en todo eso? El analizador es el censor, la entidad que se arroga la autoridad con el fin de analizar porque supone tener conocimiento para ello. A menos que él analice completamente, fielmente, sin distorsión alguna, su análisis no tiene valor en absoluto. Comprendan esto con toda claridad, por favor, porque el que les habla no sustenta la necesidad de análisis alguno, en tiempo alguno, cualquiera que sea. Esto es más bien una píldora amarga difícil de tragar, porque la mayoría de ustedes han sido analizados o van a ser analizados, o han estudiado lo que es el análisis. El análisis implica no sólo un analizador separado de lo analizado, sino que también implica tiempo. Tenemos que analizar gradualmente, parte por parte, toda la serie de fragmentos de que estamos constituidos, y eso requiere años. Y cuando analizamos, la mente tiene que estar absolutamente lúcida y libre.

Por tanto, hay varias cosas involucradas: el analizador, un fragmento que se separa él mismo de otros fragmentos y dice: «Voy a analizar»; también existe el tiempo, día tras día mirando, criticando, condenando, juzgando, evaluando, recordando. Asimismo está involucrado en ello todo el drama de los sueños; nunca nos preguntamos si hay necesidad alguna de soñar, aun cuando todos los psicólogos dicen que tenemos que soñar, porque de lo contrario, nos volveríamos locos.

¿Quién es, pues, el analizador? Es parte de uno mismo, parte de nuestra mente, que va a examinar las otras partes; es el resultado de experiencias pasadas, de conocimientos del pasado, de evaluaciones pasadas; es el centro desde el cual va a examinar. ¿Tiene ese centro alguna realidad, alguna validez? Todos nosotros actuamos desde un centro, el cual es un centro de miedo, ansiedad, codicia, placer, desesperación, esperanza, dependencia, ambición, comparación; desde ese centro pensamos y actuamos. Esto no es una suposición, ni una teoría, sino un hecho incuestionable y observable en la vida diaria. En este centro hay muchos fragmentos, y uno de los fragmentos se convierte en el analizador; lo cual es absurdo, ya que el analizador es lo analizado. Tienen que comprender esto, porque de lo contrario no podrán seguir adelante cuando penetremos más profundamente en la cuestión del temor. Deben comprenderlo completamente, pues cuando abandonen este recinto tendrán que estar libres del miedo, de manera que puedan vivir, disfrutar y mirar el mundo con ojos diferentes; de manera que sus relaciones no vuelvan a llevar el peso del miedo, de los celos, de la desesperación; y así se convertirán en seres humanos, no en animales violentos y destructivos.

El analizador es, pues, lo analizado, y en la separación entre el analizador y lo analizado está todo el proceso del conflicto. Y el análisis implica tiempo; cuando lo haya analizado todo, uno está listo para la tumba y, mientras tanto, no ha vivido en absoluto. (*Risas*.) No, no se rían; esto no es una diversión, sino algo terriblemente serio. Tan sólo la persona formal, seria, sabe lo que es la vida, lo que es vivir; no el hombre que busca diversión. Esto requiere una investigación seria y apasionada.

La mente debe estar completamente libre de la idea del análisis, porque éste no tiene sentido. Han de ver esto, no porque lo dice el que les habla, sino porque vean la verdad de todo el proceso del análisis. Esa verdad traerá la comprensión; la verdad *es* comprensión… de la falsedad del análisis. Así cuando uno ve lo que es falso, puede descartarlo por completo. Sólo cuando no lo vemos es cuando estamos confusos.

¿Podemos ahora examinar el temor en su totalidad? No los múltiples temores psicológicos, sino el temor. Sólo hay un temor. Aun cuando pueden existir varias causas del temor, que surge por diversas reacciones e influencias, sólo existe el temor. El temor no existe por sí mismo, sino en relación con algo, lo cual es relativamente sencillo y obvio. Uno tiene miedo de algo: del futuro, del pasado, de no poder realizar sus propósitos; miedo de no ser amado, de vivir una vida solitaria y miserable; miedo de la vejez y de la muerte.

Existe, pues, el miedo que puede ser reconocido y el oculto. Lo que estamos averiguando no es una forma particular del temor, sino su totalidad, tanto el consciente como el oculto. ¿Cómo surge éste? Al formular esta pregunta tenemos que averiguar también qué es el placer. Porque el placer y el temor van juntos. No podemos descartar el temor sin comprender el placer; son los dos lados de una misma moneda. De manera que al comprender la verdad sobre el temor también comprendemos la verdad del placer. Desear sólo placer y no tener miedo es una pretensión imposible. Mientras que si comprendiéramos uno y otro, obtendríamos una apreciación diferente, una comprensión diferente de ambos. Esto significa que hemos de entender la estructura y la naturaleza del temor, así como la del placer. No es posible liberarse del uno y aferrarse al otro.

¿Qué es, pues, el temor y qué es el placer? Según podemos observar en nosotros mismos, deseamos deshacernos del temor. Toda la vida consiste en escapar del temor. Nuestros dioses, nuestras iglesias, nuestra moral se basan en el miedo, y para comprender eso tenemos que comprender cómo surge ese miedo. Hemos hecho algo en el pasado y no queremos que otro lo descubra. Ésa es una forma de temor. Tememos el futuro porque no tenemos empleo, o nos sentimos temerosos por alguna otra cosa. De manera que tenemos miedo del pasado y del futuro. El miedo surge cuando el pensamiento mira atrás, hacia las cosas que han ocurrido en el pasado, o a los acontecimientos que puede que ocurran en el futuro. *El pensamiento es el responsable de esto.* Ustedes, especialmente en América, han evadido cuidadosamente el pensar sobre la muerte; pero ella está siempre ahí. No quieren pensar en ella, porque tan pronto lo hacen, se atemorizan. Y porque están atemorizados, mantienen teorías sobre ella; creen en la resurrección, en la reencarnación –tienen docenas de creencias–, todo ello porque están llenos de temor, y todo es producto del pensamiento. El pensamiento crea y sostiene el miedo del ayer y del mañana, y el pensamiento alienta también el placer. Han visto una bonita puesta de sol; en ese momento el júbilo es grande por la belleza de la luz sobre el agua y el movimiento de los árboles, hay gran deleite. Entonces surge el pensamiento y dice: «¡Cómo me gustaría volver a disfrutarlo!» Comenzamos a pensar en ello y al siguiente día volvemos al mismo sitio y no lo vemos. Disfrutamos de placer sexual y pensamos en él, lo rumiamos, concebimos imágenes, visiones; y el pensamiento le da continuidad. Está el pensamiento que alimenta el placer y el pensamiento que sostiene el temor. El pensamiento es, en todo caso, el responsable. Esto no es una fórmula que ustedes hayan de aprender, sino una realidad que tenemos que comprender juntos; de manera que no hay acuerdo o desacuerdo.

¿Qué es, entonces, el pensamiento? El pensamiento es obviamente la respuesta de la memoria. Si no tuviéramos memoria, no habría pensamiento. Si no recordáramos el camino a nuestra casa, no llegaríamos a nuestro hogar. Es decir, que el pensamiento no sólo engendra y sostiene el miedo y el placer, sino que el pensamiento es también necesario para desenvolverse y actuar eficientemente. Vean cuán difícil se torna el asunto: el pensamiento tiene que ser utilizado de manera completa y objetiva, cuando nos ocupamos de cuestiones técnicas, cuando hacemos algo; pero el pensamiento también engendra el miedo y el placer y, por lo tanto, el dolor.

Uno se pregunta, pues, ¿qué papel desempeña el pensamiento? ¿Dónde está la línea divisoria entre el instante en que el pensamiento debe ser utilizado completamente y aquel en que no debe intervenir? Como cuando uno ve la más bella puesta de sol, la vive durante ese momento, y en ese mismo instante la olvida. El proceso del pensamiento en su totalidad nunca es libre porque hunde sus raíces en el pasado; el pensamiento nunca es nuevo. No hay libertad en la elección ya que es el pensamiento el que está actuando cuando elegimos. Tenemos, por lo tanto, un problema muy sutil: vemos el peligro del pensamiento que genera miedo –el temor destruye, pervierte, hace que la mente viva en la oscuridad, en la desdicha– y, sin embargo, vemos que el pensamiento tiene que ser utilizado eficiente y objetivamente, sin emoción. ¿Cuál es el estado de la mente cuando observa ese hecho?

Miren, señores, es de suma importancia comprender esto con gran claridad, porque no sirve de nada que ustedes se sienten aquí y escuchen un cúmulo de palabras sin sentido, si al final de todo ello siguen con el miedo. Al marcharse de aquí no debe haber temor alguno, no porque se hipnoticen ustedes mismos convenciéndose de que el temor no existe, sino porque hayan comprendido realmente, psicológica e internamente, toda la estructura del temor.

Por eso es muy importante aprender y observar. Lo que estamos haciendo es observar con mucha atención cómo surge el miedo. Cuando ustedes piensan en la muerte, o en que pueden perder su empleo, cuando piensan sobre docenas de cosas, tanto del pasado como del futuro, inevitablemente surge el miedo. Cuando la mente ve el hecho de que el pensamiento tiene que actuar, y ve también el peligro del pensamiento, ¿cuál es la cualidad de la mente que ve eso? Ustedes tienen que averiguarlo, y no esperar a que yo se lo diga.

Escuchen con atención, por favor; es realmente muy sencillo. Dijimos que el análisis no nos sirve y explicamos por qué. Si ustedes han visto la verdad de eso, lo han comprendido. Anteriormente ustedes aceptaron el análisis como parte de su condicionamiento. Ahora, cuando ven la inutilidad, la falsedad del análisis, éste es descartado. ¿Cuál es el estado de la mente que ha desechado el análisis? Es más libre, ¿no es así? Es más vivaz, más activa y mucho más inteligente, y desde luego más aguda y más sensible. Y cuando usted haya visto el hecho de cómo surge el miedo, cuando haya aprendido sobre él y también haya observado el proceso del placer, entonces observe el estado de su mente, que está tornándose más aguda, más lúcida y, por tanto, tremendamente inteligente. Esta inteligencia no tiene nada que ver en absoluto con el conocimiento, con la experiencia, y no se puede lograr yendo al colegio y aprendiendo cómo ser sensible. Ésta adviene cuando uno ha observado muy de cerca toda la estructura del análisis y lo que se implica en él –el tiempo que se necesita para llevarlo a cabo y la tontería de pensar que un fragmento va a aclarar todo el proceso–, y también cuando uno ha visto la naturaleza del temor y ha comprendido lo que es el placer.

De manera que cuando el temor –que se ha convertido en hábito– se encuentre con usted mañana, sabrá cómo afrontarlo y no posponerlo. Y la misma confrontación con el temor es su terminación en ese momento, porque la inteligencia está actuando. Eso significa que han terminado, no sólo los temores conocidos, sino también los temores profundos y ocultos.

Ustedes saben que una de las cosas más extrañas es la facilidad con que somos influidos. Desde la niñez se nos educa para ser católicos, protestantes, americanos, o lo que sea. Somos el resultado de propaganda repetida, y nosotros continuamos repitiéndola. Somos seres humanos de segunda mano. Por lo tanto, estén en guardia para no ser influidos por el que habla, porque se trata de las vidas de ustedes, y no de la vida de él.

Al examinar la cuestión del placer, uno tiene que comprender lo que es el verdadero gozo, porque éste nada tiene que ver con el placer. ¿Tiene el placer, el deseo, algo que ver con el amor? Para comprender todo esto, uno ha de observarse a sí mismo. Uno es el resultado del mundo; uno es un ser humano que forma parte de otros seres humanos, que tienen los mismos problemas, quizás no sean estos problemas económicos o sociales, pero sí problemas humanos: todos peleando, haciendo tremendos esfuerzos y pensando que la vida no tiene sentido tal como la vivimos. Como consecuencia uno se inventa sistemas de vida. Todo eso se vuelve totalmente innecesario cuando uno comprende la estructura de sí mismo, del temor, del placer, del amor, y el significado de la muerte. Únicamente entonces podrá uno vivir como un ser humano total, sin jamás hacer daño alguno.

Ahora bien, si lo desean, hagan preguntas, teniendo en cuenta que la pregunta y la respuesta están dentro de ustedes mismos.

INTERLOCUTOR: *Si el miedo es generado por algo desconocido, y usted dice que usar el pensamiento es una manera equivocada para tratar de comprenderlo...*

KRISHNAMURTI: Usted dice que tiene miedo de lo desconocido, bien sea de lo desconocido de mañana, o de lo realmente desconocido. ¿Tiene usted miedo de algo que desconoce? ¿O tiene miedo de algo que conoce, y a lo cual está apegado? ¿Tiene usted, por lo tanto, miedo de abandonar lo conocido? ¿Ha comprendido, señor? Cuando tiene miedo de la muerte, ¿tiene miedo de lo desconocido? ¿O tiene miedo de que terminen todas las cosas que ha conocido: sus placeres, su familia, sus logros, su éxito, sus muebles? ¿Cómo es posible tenerle miedo a algo que no se conoce? Y si le teme a ello, el pensamiento desea trasladarlo al campo de lo conocido, de manera que comienza a imaginar. Por lo tanto, su Dios es producto de su imaginación o del temor. Señor, no especule, pues, sobre lo desconocido. Comprenda lo conocido y líbrese de lo no conocido.

I.: *He leído la expresión «Padre, yo creo, ayúdame en mi incredulidad». ¿Cómo podemos lograr algo con este aparente conflicto de creencia y duda?*

K.: ¿Por qué cree usted en cualquier cosa que lee? No importa que esté en la Biblia, o en el Gita, o en los libros sagrados de otras religiones. Obsérvelo realmente. ¿Por qué cree usted? ¿Cree en el amanecer de mañana? En un sentido cree: cree que amanecerá. Pero usted cree en el cielo, cree en un Padre, cree en algo. ¿Por qué? Usted cree en algo que considera permanente porque tiene miedo, es infeliz, se siente solo, porque teme a la muerte. ¿Cómo puede ver con claridad una mente que lleva el peso de las creencias? ¿Cómo puede estar libre para observar? ¿Cómo puede amar una mente así? Usted tiene su creencia, y otro tiene la suya. Al comprender el problema del temor en su totalidad, no sustentamos creencia alguna, sea la que sea. Entonces la mente es feliz y funciona sin distorsión, y por lo tanto, hay gran júbilo, nace el éxtasis.

I.: *He leído sus libros y le he escuchado hablar y decir cosas bellas. Le oigo hablar del temor y cómo podemos eliminarlo; pero la naturaleza de la mente es estar llena de deseos, llena de pensamientos. ¿Cómo va a ser libre la mente mientras esté constantemente activa? ¿Cuál es el sistema?*

K.: Señor, ¿qué es el deseo? ¿Por qué la mente parlotea tan incesantemente?

I.: *Insatisfacción.*

K.: No conteste, por favor, investigue. Mire: usted desea un sistema, un método, una disciplina para aquietar la mente, para comprender esto o aquello, o para deshacerse del deseo. La práctica de un sistema lleva consigo una rutina mecánica, hacer la misma cosa una y otra vez, eso es lo que implica un sistema. ¿Qué ocurre cuando la mente hace eso? Se convierte en una mente estúpida, embotada. Uno tiene que comprender por qué la mente parlotea, por qué la mente pasa de una cosa a otra.

No creo que pueda entrar en ello esta tarde, ¿no están ustedes cansados? (*Voces de "no".*) Ustedes han tenido un largo día en la oficina; allí todo era rutina. Aquí dicen que no están cansados, lo cual significa que no han estado trabajando. (*Risas.*) No han estado ocupados en investigar seriamente. Eso significa que tan sólo se han divertido y que se retirarán de aquí con sus temores. Por el amor de Dios, señores, ¿qué sentido tiene eso?

Santa Mónica
California, 4 de marzo de 1970

3. REVOLUCIÓN INTERNA

«EL CAMBIO en la sociedad es de importancia secundaria; eso ocurrirá de forma natural e inevitable cuando, como seres humanos, realicemos ese cambio en nosotros mismos.»

Estábamos considerando la extraordinaria complejidad de la vida diaria, la lucha, el conflicto, la desdicha y la confusión en que nos hallamos. Hasta que no comprendamos realmente la naturaleza y la estructura de esta complejidad, como estamos presos en esa trampa, no habrá libertad: ni la libertad para inquirir, ni la libertad que nos llega con gran júbilo y en la cual se manifiesta la entrega total de uno mismo. Tal libertad no es posible si existe alguna forma de temor, bien sea superficialmente o en las profundidades recónditas de nuestra mente. Señalamos ya la relación entre el temor, el placer y el deseo, y que para comprender el temor tenemos que comprender también la naturaleza del placer.

Esta mañana hablaremos del centro, del cual provienen nuestra vida y nuestras actividades, y también si es posible cambiar ese centro. Porque evidentemente es necesario un cambio, una transformación, una revolución interna. Para realizar esa transformación tenemos que examinar con cuidado lo que es nuestra vida, sin escapar de ella, sin distraernos con creencias y aseveraciones teóricas, sino observando muy bien lo que nuestra vida es en realidad, y viendo si es posible transformarla por completo. Con esa transformación puede que afectemos la naturaleza y la cultura de la sociedad. Tiene que ocurrir un cambio en la sociedad, porque la maldad y la injusticia social son tan grandes, es tan vergonzosa la farsa del culto religioso... Pero el cambio en la sociedad es de importancia secundaria, eso ocurrirá de forma natural e inevitable, cuando como seres humanos, que se relacionan entre sí, realicemos ese cambio en nosotros mismos.

A lo largo de esta mañana vamos a considerar tres cosas esenciales. ¿Qué es vivir nuestra vida cotidiana? ¿Qué es la compasión, el amor? Y la tercera, ¿qué es la muerte? Las tres están íntimamente relacionadas; al comprender una comprenderemos las otras dos. Según hemos visto, no podemos tomar fragmentos de la vida, escoger una parte de la vida que consideramos valiosa o que nos atrae, o que nuestras inclinaciones reclaman con vehemencia. O tomamos la totalidad de la vida –en la cual están involucrados la muerte, el amor y el vivir–, o tan sólo tomamos un fragmento de ella que pueda parecer satisfactorio, pero que inevitablemente acarreará mayor confusión. Tenemos, pues, que tomarla en su totalidad, y al considerar lo que es el vivir, debemos tener en cuenta que estamos discutiendo sobre algo que es total, sano y sagrado.

Podemos observar que en las relaciones de la vida diaria hay conflicto, sufrimiento y dolor; dependemos de otro constantemente, y en esta dependencia existe la autocompasión y la comparación. A eso le llamamos vivir. Permítanme volver a repetir que no nos ocupamos de teorías, que no difundimos ninguna ideología, porque es obvio que las ideologías, cualesquiera que sean, no tienen valor, al contrario, acarrean mayor confusión y mayor conflicto. No estamos recreándonos con opiniones, evaluaciones o censuras. Estamos interesados únicamente en observar lo que de verdad ocurre para ver si eso puede ser transformado.

Podemos ver claramente cuán contradictoria y confusa es nuestra vida cotidiana; tal como la vivimos ahora, carece absolutamente de sentido. Es posible inventarle un significado; los intelectuales realmente le inventan un sentido a la vida, y la gente lo acepta. Pero ese sentido puede ser una filosofía muy ingeniosa, que es creada de la nada. Mientras que si únicamente nos interesa "lo que es", sin inventarle algún significado, o sin escapar, y sin caer en teorías o ideologías, si estamos tremendamente alerta, entonces la mente es capaz de enfrentarse a "lo que es". Las teorías y las creencias no cambian nuestra vida; el hombre las ha sustentado durante miles de años y no ha cambiado; quizás le han dado un pulimento superficial; quizás sea un poco menos salvaje, pero es todavía brutal, violento, caprichoso, incapaz de mantener la seriedad. Vivimos una vida de gran sufrimiento desde el instante en que nacemos hasta que morimos. Ése es un hecho. Y ninguna teoría especulativa sobre ese hecho podrá afectarlo. Lo que realmente afecta a "lo que es" es la capacidad, la energía, la intensidad, la pasión con que miramos ese hecho. Y no podemos tener pasión e intensidad si la mente está persiguiendo alguna ilusión, alguna ideología especulativa.

Estamos examinando algo más bien complejo para lo cual necesitamos toda nuestra energía, toda nuestra atención, no sólo mientras estamos en este recinto, sino también a través de la vida, si es que somos algo serios. Lo que nos interesa es cambiar "lo que es", el sufrimiento, el conflicto, la violencia, la dependencia de otro, no la dependencia del que vende víveres, del médico, o del cartero, sino la dependencia en nuestra relación con otro, tanto psicológica como psicosomáticamente. Esa dependencia de otro siempre engendra miedo: mientras yo dependa de usted para mi sostén, emocional, psicológica o espiritualmente, soy su esclavo y, por lo tanto, tengo temor. Ése es un hecho. La mayoría de los seres humanos dependen de otro, y en esa dependencia está la autocompasión, que nace de la comparación. De manera que donde haya dependencia psicológica de otro –de la esposa, o del esposo–, tendrá que haber no sólo temor y placer, sino también el sufrimiento que éstos generan. Espero que estén observando esto en ustedes mismos, y no meramente escuchando al que les habla.

Ustedes saben que hay dos maneras de escuchar: escuchar a la ligera, como se escucha una serie de ideas, estando de acuerdo o en desacuerdo con ellas; y hay otra manera de hacerlo, que consiste no sólo en escuchar las palabras y el significado de éstas, sino también lo que está realmente ocurriendo en ustedes mismos. Si escuchamos así, entonces lo que dice el que habla guarda relación con lo que están escuchando dentro de ustedes mismos. Entonces no están tan sólo escuchándome a mí –lo que no tiene la menor importancia–, sino todo el contenido de su ser. Y si están escuchando así con intensidad, al mismo tiempo y en el mismo nivel, entonces ustedes y yo participamos juntos en lo que está realmente ocurriendo. Entonces tendrán ustedes la pasión que va a transformar aquello "que es". Pero si no escuchan de esa manera, con toda la mente, con todo el corazón, entonces una reunión de esta clase carece totalmente de sentido.

Al comprender "lo que es", la vida terrible que realmente llevamos, nos damos cuenta de que vivimos en aislamiento, pues aunque tengamos mujer e hijos, existe un proceso autoaislante que está operando dentro de uno mismo. Aun cuando vivan juntos en la misma casa, la esposa, la amiga o el amigo, cada cual está realmente aislado, con sus propias ambiciones y temores y su propio sufrimiento. El vivir de esa forma se llama relación. Repito, éste es un hecho; él tiene una imagen de ella, y ella tiene una imagen de él, y cada uno tiene su propia imagen de sí mismo. La relación que se produce es entre esas imágenes, pero ésa no es una relación verdadera. Tenemos, pues, que averiguar cómo se elaboran esas imágenes, cómo se crean, por qué habrían de existir, y lo que significaría vivir sin esas imágenes. No sé si ustedes han considerado alguna vez si es posible una vida en la que no haya imágenes, creencias, y qué significaría vivir sin ellas. Vamos a averiguarlo.

Tenemos muchas experiencias todo el tiempo y podemos ser, o no ser conscientes de ellas. Cada experiencia deja una huella; esas huellas se van fortaleciendo día tras día y se convierten en la imagen. Tan pronto alguien nos insulta, ya hemos formado una imagen del otro. O si alguien nos adula, otra vez se forma una imagen. Inevitablemente cada reacción genera una imagen. ¿Es posible que, una vez creada, esa imagen cese?

Para que una imagen cese, tenemos primero que averiguar cómo se forma; y si no respondemos adecuadamente a cualquier reto, es inevitable que el residuo deje una imagen. Si me llama tonto, inmediatamente usted se convierte en mi enemigo, o usted no me agrada. Cuando me llama tonto, tengo que estar intensamente alerta en ese momento, sin elegir, sin condenar, simplemente escuchando lo que usted dice. Si no reacciono emocionalmente a su aseveración, entonces no se forma imagen alguna.

Tenemos que estar, pues, atentos a la reacción, sin darle oportunidad de que arraigue, porque en cuanto la reacción echa raíces, ha formado ya una imagen. Ahora le pregunto: ¿puede usted hacerlo? Para hacerlo necesita prestar atención —no simplemente ir divagando como en sueños por la vida–, prestar atención en el momento del reto, con todo su ser, escuchando con su corazón y con su mente, de manera que vea con claridad lo que se está diciendo: ya sea un insulto, o una adulación, o una opinión sobre usted. Entonces verá que no existe imagen alguna. La imagen se forma siempre de lo que ha ocurrido en el pasado. Si es placentera, la conservamos.

Si es dolorosa, deseamos deshacernos de ella. De manera que surge el deseo; una cosa deseamos retenerla, y la otra deseamos rechazarla; y del deseo nace el conflicto. Si nos damos cuenta de todo esto, prestándole atención sin elección alguna, simplemente observando, entonces podremos descubrir la verdad por nosotros mismos, y no viviremos de acuerdo con algún psicólogo o algún sacerdote, o algún médico. Si queremos descubrir la verdad tenemos que estar completamente libres de todo eso, y estar solos. Estar solo es dar la espalda a la sociedad.

Si ustedes se han observado con detenimiento, verán que una parte de su cerebro, la cual ha evolucionado a lo largo de muchos miles de años, es el pasado, y que el pasado es la experiencia, la memoria. En ese pasado hay seguridad. Espero que estén observando todo esto en ustedes mismos. El pasado responde siempre inmediatamente, y el demorar la respuesta del pasado cuando afrontamos un reto, de manera que haya un intervalo entre el reto y la respuesta, es lo que pone fin a la imagen. Si no hacemos esto, estaremos viviendo siempre en el pasado. Somos el pasado, y en el pasado no hay libertad. Ésa es, pues, nuestra vida, una batalla constante, en la cual el pasado, modificado por el presente, se mueve hacia el futuro, que es todavía el movimiento del pasado, aunque modificado. Mientras exista ese movimiento, el hombre nunca podrá ser libre, siempre estará en conflicto, en sufrimiento, en confusión, en desgracia. ¿Puede demorarse la respuesta del pasado de manera que no ocurra la formación inmediata de una imagen?

Tenemos que mirar la vida como es, mirar la confusión y la miseria interminables, y el escape de eso hacia alguna superstición religiosa, o hacia la adoración del Estado, o hacia varias formas de entendimiento. Tenemos que mirar cómo escapamos hacia la neurosis, porque una neurosis ofrece un extraordinario sentido de seguridad. El hombre que "cree" es neurótico; el hombre que adora una imagen es neurótico. En esas formas de neurosis hay gran seguridad. Pero así no se llega a ninguna revolución radical en nosotros mismos. Para lograrla tenemos que observar sin elección, sin distorsión alguna del deseo, o del placer o del dolor, sólo observar realmente lo que somos, sin escapes. Pero no le demos nombre a lo que veamos, tan sólo observemos. Entonces tendremos la pasión, la energía para observar, y en esa observación se realiza un cambio tremendo,

¿Qué es el amor? Hablamos mucho de él: amor a Dios, amor a la humanidad, amor a la patria, amor a la familia. Pero extrañamente, unido a ese amor va el odio. Usted ama a su Dios y odia al Dios de otro, usted ama su patria, su familia, pero está en contra de la familia de otro, en contra de otra nación. Y en todo el mundo, el amor está asociado más o menos con el sexo. No estamos condenando, ni juzgando, ni evaluando; sólo observamos lo que está realmente ocurriendo, y si usted sabe cómo observar, el hacerlo le infunde una tremenda energía.

¿Qué es amor y qué es compasión? La palabra "compasión" significa pasión por todo el mundo, interesarse por todo, incluso por los animales que matamos para comer. Primero miremos lo que realmente es –no lo que debe ser– viendo lo que realmente es en la vida diaria. ¿Sabemos lo que significa amor, o únicamente conocemos el placer y el deseo, los cuales llamamos amor? Desde luego, con el placer, con el deseo, va la ternura, el cuidado, el afecto, etcétera. ¿Es, pues, el amor placer, deseo? Aparentemente lo es para la mayoría de nosotros. Uno depende de su esposa, uno ama a su esposa; no obstante, si ella se fija en alguna otra persona, uno se siente encolerizado, frustrado, infeliz; y en última instancia está el tribunal para divorcios. ¡Eso es lo que llamamos amor! Pero si su esposa muere, se busca otra, porque es muy grande la dependencia. Uno nunca pregunta por qué depende de otro. (Hablo de dependencia psicológica.) Si lo observa, verá allá en lo profundo, cuán solo está, cuán frustrado e infeliz es. No sabe qué hacer con esa soledad, ese aislamiento, que es una forma de suicidio. Y, por lo tanto, al no saber qué hacer, depende de alguien o de algo. Esa dependencia le proporciona gran comodidad y compañía, pero cuando esa compañía es ligeramente alterada, uno se torna celoso, furioso.

¿Mandarían ustedes a sus hijos a la guerra si los amaran? ¿Les darían la clase de educación que ahora reciben, educándolos sólo técnicamente, para ayudarles a conseguir un empleo, para aprobar algunos exámenes e ignorar el resto de la totalidad de esta vida maravillosa? Los cuidan con tanto esmero hasta que llegan a tener cinco años y luego los echan a los lobos. Eso es lo que llamamos amor. ¿Existe el amor cuando hay violencia, odio, antagonismo?

¿Qué haremos, pues? Dentro de esta violencia y odio está nuestra virtud y nuestra moralidad; cuando rechacemos eso, entonces seremos virtuosos. Eso significa ver todas las implicaciones de lo que es el amor, valernos por nosotros mismos y ser capaces de amar. Ustedes escuchan esto porque saben que es la verdad. Si no lo viven, la verdad se convierte en veneno; si oyen algo verdadero y lo abandonan, eso trae otra contradicción en la vida y, por lo tanto, mayor desdicha. Escuchen, pues, con su corazón y con toda su mente; o no escuchen nada. Pero como se hallan aquí, espero que estén escuchando.

El amor no es lo contrario de ninguna otra cosa. No es lo opuesto del odio, ni de la violencia. Aunque no dependamos de alguien y vivamos muy virtuosamente –colaborando en la asistencia social, manifestándonos por las calles–, si no tenemos amor, todo eso carece por completo de valor. Si amamos, entonces podemos hacer lo que nos plazca. El hombre que ama no comete errores, y si comete alguno, lo corrige inmediatamente. Un hombre que ama no siente celos, ni remordimientos, para él no existe el perdón, porque en ningún momento surge algo que sea motivo de perdón. Todo esto requiere una investigación profunda, gran cuidado y atención. Pero estamos presos en la trampa de la sociedad moderna; hemos creado esa trampa nosotros mismos, y si alguien nos señala ese hecho, no lo tenemos en cuenta. De manera que siguen las guerras y el odio.

Desearía saber qué piensan ustedes acerca de la muerte; no teóricamente, sino lo que en realidad significa para ustedes; no como algo que ha de llegar inevitablemente, bien sea por accidente, debido a una enfermedad o a la vejez. Eso le ocurre a todo el mundo: en la vejez nos entran las pretensiones de actuar como si fuéramos jóvenes. Todas las teorías, todas las esperanzas significan que estamos desesperados; y en nuestra desesperación buscamos algo que nos dé alguna esperanza. ¿Ha observado usted su desesperanza para ver por qué existe? Existe porque uno se compara con otro, porque uno desea alcanzar una meta, convertirse en algo, ser, realizarse.

Una de las cosas extrañas de la vida es que estamos condicionados por el verbo "ser". Porque en él existe el pasado, el presente y el futuro. Todo el condicionamiento religioso está basado en ese verbo "ser"; en él tienen su fundamento el cielo y el infierno, todas las creencias, todos los salvadores, todos los excesos. ¿Puede un ser humano vivir sin ese verbo que significa vivir y no tener pasado ni futuro? No significa "vivir en el presente"; ustedes no saben lo que significa vivir en el presente. Para vivir completamente en el presente tenemos que saber cuál es la naturaleza y la estructura del pasado: que es uno mismo. Tenemos que conocernos a nosotros mismos de una manera tan completa que no haya ningún rincón oculto; ese "nosotros mismos" es el pasado, y se nutre del verbo "ser" que es llegar a ser, realizarse, recordar. Averigüemos lo que significa vivir sin ese verbo en el mundo psicológico, interno.

¿Qué significa la muerte? ¿Por qué todos la tememos tanto? En Asia la gente cree en la reencarnación; en eso encuentran gran esperanza –no sé por qué– y la gente continúa hablando y escribiendo sobre ella. ¿Qué es lo que se va a encarnar? ¿Todo el pasado, toda la desdicha, toda la confusión, todo lo que somos ahora? Creemos que "el yo" (aquí se usa la palabra "alma") es algo permanente. ¿Es que existe algo en la vida que sea permanente? Nos gustaría tener algo permanente, y por ese motivo colocamos la muerte a distancia y separada de nosotros, nunca la miramos, porque nos atemoriza. Luego tenemos "el tiempo", el tiempo entre lo que es y lo que inevitablemente ocurrirá,

O bien proyectamos nuestras vidas al mañana y continuamos como estamos ahora, esperando que ocurra alguna clase de resurrección, o bien morimos cada día. Morimos cada día para nosotros mismos, para nuestra desdicha, para nuestro sufrimiento; nos despojamos de esa carga cada día de manera que nuestra mente sea fresca, joven e inocente. La palabra "inocencia" significa "incapaz de ser herida". Tener una mente que no pueda ser herida no quiere decir que haya desarrollado mucha resistencia; al contrario, una mente así está muriendo para todo lo que ha conocido donde ha habido conflicto, placer y dolor. Sólo entonces la mente es inocente; eso quiere decir que puede amar. No es posible que amemos con la memoria; el amor no es cosa del recuerdo, del tiempo.

De manera que el amor, la muerte y el vivir no son cosas separadas, sino una unidad total, y en esa unidad está la sensatez. Esa sensatez no puede existir si hay odio, ira, celos, y cuando hay dependencia, la cual engendra el temor. Cuando hay sensatez, la vida se vuelve sagrada; hay gran júbilo y podemos hacer lo que queramos; y lo que entonces hacemos es válido y virtuoso.

No conocemos todo esto; sólo conocemos nuestra miseria, y como nada sabemos, tratamos de escapar. Si por lo menos dejáramos de escapar para que pudiéramos realmente observar, evitando movernos siquiera un ápice de "lo que es", sin nombrarlo, condenarlo o juzgarlo, de manera que sólo pudiéramos observarlo. Para observar algo se requiere interés, y tener interés significa tener compasión. Con una vida tan espléndida y completa, se puede entonces participar en algo de lo que hablaremos mañana, o sea, la meditación. Sin haber establecido esa base, la meditación es mera autohipnosis. Establecer esa base significa que hemos comprendido esta vida extraordinaria, por lo que tenemos una mente sin conflicto y llevamos una vida en la que hay compasión, belleza y, por lo tanto, orden. No se trata del orden de un programa, sino del orden que surge cuando comprendemos lo que es el desorden: y nuestra vida es eso. Nuestra vida *está* en desorden. El desorden es contradicción, el conflicto de los opuestos. Cuando comprendemos ese desorden que hay en nosotros mismos, entonces de dicha comprensión surge el orden, el orden que es preciso, matemático, en el que no hay distorsión. Todo esto requiere una mente meditativa, una mente que es capaz de observar en silencio.

INTERLOCUTOR: *Usted dice en uno de sus libros que hacer milagros es una de las cosas más sencillas. ¿Podría hacerme el favor de explicar los milagros a que usted se refiere?*

KRISHNAMURTI: Desearía que no citara de ningún libro, incluyendo los de éste que les habla. (*Risas.*) Lo digo en serio. No citen a nadie. Una de las cosas más terribles que hay es depender de las ideas de otras personas. Y, además, las ideas no son la verdad. «Se dice en uno de los libros que hacer milagros es una de las cosas más sencillas del mundo». ¿No lo es? ¿No es un milagro que ustedes estén sentados ahí y yo aquí, y que estemos hablando unos con otros? Porque si escuchan sin esfuerzo, sabrán lo que significa vivir completamente, totalmente; si viven de esa manera, ocurre un milagro, el más grande de todos.

I.: *He estado ausente veintisiete años, y he regresado hace cerca de tres meses. Me encuentro con que se están fomentando aquí unos increíbles temores. Por observación propia y la de mis amigos, creo que la Mafia se ha hecho con el poder y se ha desarrollado por completo un estado policial. ¿Puede usted ayudarnos como individuos, darnos la clave para luchar contra esas circunstancias? Me doy cuenta de que luchar será difícil, y también me doy cuenta de que si peleamos podríamos ser encarcelados. ¿Qué puede hacer cada individuo para combatir por sí mismo esas fuerzas terribles?*

K.: Señor, no estoy evadiendo su pregunta, pero ¿puede usted, como individuo, ser pacífico? ¿Es usted un individuo? Ser un individuo implica ser indivisible en sí mismo, no fragmentado. Pero estamos fragmentados, divididos y, por lo tanto, no somos individuos. Lo que es la sociedad, eso somos nosotros. Nosotros hemos creado esa sociedad. De manera que, ¿cómo puede un ser humano dividido hacer algo que no sea alcanzar ese estado en que sea un todo completo? Entonces se producirá una acción totalmente diferente. Pero mientras actuemos en fragmentos, necesariamente crearemos más caos en el mundo. Estoy seguro de que esta contestación no satisface a nadie; ustedes quieren la clave para la acción correcta y la clave está en ustedes mismos. Ustedes tienen que crearla.

I.: *Pero el tiempo es corto y me parece que no puedo saber exactamente cómo afrontar el asunto.*

K.: «El tiempo es corto». Puede usted cambiar inmediatamente? No cambiar gradualmente o mañana. ¿Puede usted tener inmediatamente esa percepción de una vida "total" donde hay amor? De todo esto hemos hablado esta mañana. El que le habla dice que éso es lo único que hay que hacer: cambiar completa, radical e inmediatamente. Para hacerlo tiene que observar con todo su corazón y toda su mente, sin escapar en ninguna dirección, ya sea el nacionalismo, ya sean sus creencias. Descarte todo eso de una vez y manténgase completamente alerta. Entonces ocurrirá un cambio radical, de inmediato, y a partir de esa transformación inmediata actuará de forma completamente distinta.

I.: *¿Tiene el amor un objetivo? ¿Puede uno amar sólo a una persona en su vida?*

K.: Han escuchado esa pregunta? ¿Podemos amar a una persona al mismo tiempo que a muchas? ¡Qué pregunta más extraña! Si amamos, amamos a uno y a todo. Pero no amamos. Señor, muchos pueden oler el perfume de una flor —o quizás sólo uno—, pero a la flor no le importa, ella está ahí. Eso es posible sólo cuando hay compasión, cuando no hay celos, ni ambición, ni éxito. Y ésa es la negación de todo lo que el hombre ha creado en sí mismo o a su alrededor. De la negación surge lo positivo.

Santa Mónica, California
7 de marzo de 1970

4. LA RELIGIÓN

«LA RELIGIÓN es, pues, algo que no puede expresarse en palabras; que no puede ser medido por el pensamiento...»

Dijimos que esta tarde hablaríamos sobre la religión y la meditación. Ambas constituyen un tema muy complejo que requiere mucha paciencia, una investigación dirigida por la duda, sin conclusiones, sin nunca asumir nada, sin nunca aceptar o creer nada. El hombre ha buscado siempre algo más allá de la vida cotidiana, con su dolor, placer y sufrimiento, siempre ha deseado encontrar algo más permanente. Y en su búsqueda de lo innominable, ha edificado templos, iglesias, mezquitas. Se han hecho cosas extraordinarias en nombre de la religión. Las religiones han sido responsables de muchas guerras; la gente ha sido torturada, quemada, destruida, porque la creencia ha llegado a ser más importante que la verdad, el dogma más vital que la percepción directa. Cuando la creencia adquiere importancia suprema, entonces estamos deseosos de sacrificarlo todo por ella, y no nos importa que esa creencia sea real, o que no sea válida, siempre que nos proporcione comodidad, seguridad, un sentido de permanencia.

Si buscamos algo es muy fácil encontrarlo; pero eso significa que antes de que comencemos a buscar debemos tener una base, una idea de lo que buscamos. En la búsqueda funcionan varios procesos; no sólo existe el deseo y la esperanza de que lo que reconozcamos sea la verdad, también hay un motivo detrás de esa búsqueda. Si el motivo consiste en escapar del miedo, en un anhelo de comodidad y seguridad, entonces encontraremos inevitablemente algo que nos proporcionará satisfacción. Podrá ser la creencia más absurda, pero mientras sea satisfactoria y del todo confortadora, nos asiremos a ella, sin importar lo ridícula que sea nuestra ilusión. O sea, que existe un grave peligro para aquellos que buscan con el propósito de encontrar.

Si hay alguna clase de temor, oculto o evidente, la búsqueda se torna en una evasión, un escape de lo real. Y si descubrimos algo en la búsqueda, ese descubrimiento se basa en el reconocimiento: tenemos que reconocerlo, de lo contrario no tiene valor alguno. Pero si observamos, veremos que el reconocimiento es de recuerdos pasados, de algo que ya conocemos; si no, no sería posible reconocerlo. Todo ello constituye esta búsqueda eterna de lo que consideramos la verdad; pero algo que trascienda la dimensión de la mente no está basado en el reconocimiento.

La religión, en el sentido aceptado de la palabra, se ha convertido ahora en materia de propaganda, de intereses creados, con muchas propiedades, con un gran sistema jerárquico y burocrático de "espiritualidad". La religión se ha convertido en materia de dogma, creencia y ritual, algo totalmente desligado de la vida cotidiana. Podemos creer o no creer en Dios, pero esa creencia tiene muy poco significado en la vida diaria, en la cual engañamos, destruimos, somos ambiciosos, codiciosos, celosos, violentos. Creemos en Dios o en un salvador, o en algún *gurú*, pero mantenemos eso muy lejos, de manera que no afecte realmente a nuestra vida diaria.

La religión, tal y como es ahora, se ha convertido en un fenómeno extraordinario que no tiene validez en absoluto. El cristiano, durante los últimos dos mil años, ha sido condicionado para creer. Obsérvenlo en ustedes mismos, por favor, simplemente observar, sin criticar, ni condenar. Puede que no nos guste, pero tenemos que afrontar el hecho de que, si somos cristianos, estamos tan condicionados como el comunista o el ateo. Tanto el creyente como el no creyente están condicionados por la cultura de su época, por la sociedad, por el proceso extraordinario de la propaganda. Eso ha estado ocurriendo también en Asia durante miles de años.

Toda la estructura física, las aseveraciones psicológicas, las creencias acendradas por las cuales está uno dispuesto a destruir y ser destruido, se basan en opiniones dialécticas y dogmáticas sobre cómo averiguar lo que es verdadero; pero la "opinión verdadera", por hábil, por argumentativa que sea, no tiene realidad alguna: continúa siendo una mera opinión. Hoy las religiones establecidas en este mundo carecen del más mínimo sentido. Deseamos ser entretenidos espiritualmente y con este fin vamos a la iglesia o al templo o a la mezquita, pero eso nada tiene que ver en absoluto con el sufrimiento, la confusión y el odio que sentimos día a día. Un hombre realmente serio, que de veras desee averiguar si existe algo más fuera de esta cosa terrible que llamamos existencia, obviamente debe estar libre de dogmas, de creencias, de la propaganda, debe estar libre de la estructura donde se ha educado para llegar a ser un "hombre religioso".

En las llamadas religiones, llegamos a lo positivo mediante la negación de "lo que es". Si es posible, vamos a averiguar qué es lo que el hombre ha buscado, no por medio de alguna creencia, ni por medio de algún salvador, o de algún *gurú*, o del que les habla. Vamos a averiguar por nosotros mismos si existe, o si no existe, algo que no sea la proyección de nuestras esperanzas, de nuestros propios temores, algo que no sea inventado por alguna mente ingeniosa, o que sea producido por nuestra intensa soledad.

Para averiguarlo debemos estar libres de creencias, porque la creencia es una cualidad de la mente que centra su interés en algo que le ofrecerá alguna esperanza, comodidad, seguridad, un sentido de permanencia. A fin de estar libre para inquirir, hay que liberarse del miedo, de la ansiedad, del deseo de sentirse psicológicamente seguro. Éstos son requisitos obvios con los que debe contar cualquier persona seria que desea investigar.

El instrumento que es capaz de inquirir es una mente clara, que no tiene distorsiones, o prejuicios basados en conclusiones, ideas o creencias. Vean cuán extraordinariamente difícil es tener una mente que no esté en conflicto, pues eso significa que se trata de una mente que ha comprendido el conflicto y está libre de él.

La mente –que contiene también el corazón y toda la naturaleza psicosomática del hombre– tiene que ser muy sensible, porque la sensibilidad implica inteligencia. Vamos a examinar un poco este asunto porque es la base para la meditación. Si no establecemos la base del orden, entonces la meditación –que es una de las cosas más extraordinarias de la vida– se torna un mero escape que conduce al autoengaño y a la autohipnosis. Una mente mezquina puede aprender las tretas, puede poner en práctica la llamada meditación, pero continuará siendo una mente mezquina y necia.

La mayoría de nosotros posee muy poca energía, la usamos en luchas, en antagonismos, la malgastamos de diversas formas, no sólo sexualmente, pues también una gran parte la desperdiciamos en contradicciones y en la fragmentación de nosotros mismos, lo cual genera conflicto. El conflicto constituye definitivamente un gran derroche de energía: el "voltaje" disminuye. No sólo es necesaria la energía física, sino también lo es la energía psicológica, con una mente que sea inmensamente lúcida, lógica, saludable, no distorsionada, y con un corazón que no se pierda en sentimentalismos o emociones, sino posea la cualidad de la abundancia del amor y de la compasión. Todo esto produce una gran energía y pasión, que es lo que ustedes necesitan, porque de lo contrario no podrán adentrarse en la exploración de eso que se llama meditación. Pueden sentarse con las piernas cruzadas, respirar, inventar hechos imaginarios, pero nunca la alcanzarán.

El cuerpo tiene que ser extraordinariamente sensible. Eso es algo muy difícil, porque hemos deteriorado la inteligencia del cuerpo con las bebidas alcohólicas, el tabaco, el abuso, el placer: hemos insensibilizado el cuerpo. Observen el cuerpo, que debería ser extraordinariamente vivo y sensible, y verán a qué lo hemos reducido. El cuerpo afecta a la mente, y la mente afecta al cuerpo, y por esa razón es esencial la sensibilidad del cuerpo, del organismo. Esa sensibilidad no se logra con el ayuno, ni mediante toda clase de engaños. La mente tiene que observar esto desapasionadamente. (Espero que lo estén haciendo ahora según vamos examinando el problema –no mañana o al día siguiente– porque como dijimos, estamos participando juntos en la exploración.)

Con la observación de "lo que es" se comprende ese hecho. La comprensión se deriva de la observación de "lo que es"; probando esto en el diario vivir llegamos a la comprensión de la experiencia. La mayoría de nosotros deseamos grandes experiencias porque nuestras propias vidas son tan limitadas, tan insoportablemente insulsas. Deseamos experiencias profundas, perdurables y bellas. Pero no comprendemos ni siquiera lo que significa la palabra "experiencia", y la mente que busca una experiencia es incapaz de comprender lo que es la verdad. La vida que vivimos cada día tiene que ser transformada; tienen que terminar el odio y la violencia en nosotros, la ansiedad, la culpa, el impulso que lleva al éxito, a ser alguien. Y sin cambiar todo eso radicalmente, el intento de buscar alguna clase de "experiencia" no tiene sentido alguno.

Una mente que espera ver la verdad a través de las drogas, que desea tener experiencias extraordinarias, o divertirse por medio de drogas, se convierte en esclava de ellas, y finalmente ellas embotan la mente y la entorpecen.

Estamos indagando juntos la cuestión de la mente religiosa, no qué es la religión, sino qué es una mente que es religiosa, que es capaz de encontrar la verdad. El origen del significado de la palabra "religión" es más bien incierto; podemos darle cualquier significado que nos plazca, y generalmente así lo hacemos. Pero el no tener opinión acerca de qué es la religión implica estar libre para investigar sobre ella, sobre la cualidad de la mente que es religiosa. Esa cualidad de la mente no está separada del dolor de la vida diaria, del placer, del sufrimiento y de la confusión.

Si se quiere investigar esto, uno tiene que estar libre de toda autoridad. Ustedes están solos a la hora de averiguar, no hay libro, ni nadie que les ayude. Vean, por favor, lo importante que es esto, porque hemos depositado nuestra fe y confianza en otros, en los sacerdotes, los salvadores, los maestros, etcétera, y habiendo entregado nuestra fe, hemos dependido de ellos para guiarnos y ellos no nos han conducido a ninguna parte.

En esta averiguación no existe ningún problema de autoridad, uno está inquiriendo como un verdadero científico, sin buscar un resultado. Cuando no existe autoridad alguna, no hay sistema ni práctica. Un sistema, un método, implica una rutina, la formación de un hábito. Si uno practica cierto sistema a diario, la mente se torna invariablemente insensible. Esto es muy sencillo y obvio. De manera que los sistemas, los métodos y las prácticas tienen que desaparecer por completo. Vean qué está ocurriendo en una mente que no teme, que no busca placer, ni entretenimiento, una mente que no depende de autoridad, sino que está realmente inquiriendo; una mente que no depende de nada no tiene miedo y, por lo tanto, puede inquirir. Una mente así ya se ha tornado extraordinariamente aguda, viva, apasionada, fervorosa. (Cuando usamos la palabra "mente" queremos decir su totalidad, incluyendo el organismo, el corazón.) Esa cualidad de la mente es bella; como no utiliza método alguno, es clara, inquisitiva, observadora, y aprende a medida que observa. El aprender no es diferente de la acción. Aprender es actuar. Si ustedes aprenden sobre el nacionalismo, sobre los peligros de la separación, de la división en la gente, si lo observan y lo comprenden, entonces esa misma comprensión pone fin a esta división en la acción. La observación es de una importancia asombrosa.

Todos ustedes probablemente saben lo del *yoga*. Hay tantos libros escritos sobre el asunto, que cualquier Pedro, Juan o Andrés que haya estado unos meses en la India y haya tomado algunas lecciones, se convierte en un "yogui". Esa palabra "yoga" tiene muchos significados; implica una manera de vivir, no tan sólo la práctica de algunos ejercicios para mantenerse joven. Implica una manera de vivir en la que no existe división alguna y, por lo tanto, ningún conflicto, que es como lo ve el que les habla. Desde luego, el ejercicio regular, apropiado, es bueno, pues conserva el cuerpo ágil. Éste que les habla ha practicado mucho el *yoga* durante años, pero no con la finalidad de alcanzar algún estado extraordinario mediante la respiración y todo lo que eso conlleva, sino para mantener el cuerpo ágil. Ustedes necesitan el ejercicio adecuado, el alimento apropiado, no atiborrarse con una gran cantidad de carne, con toda la brutalidad e insensibilidad que trae consigo inevitablemente. Cada cual tiene que averiguar la dieta adecuada para sí mismo, y para hacerlo ha de experimentar y hacer la comprobación necesaria al respecto.

No debemos pasar por alto el ardid con el cual se les ha engañado: el Mantra Yoga. Por cinco dólares, o por treinta, les han enseñado alguna fórmula sagrada (*mantra*): la repetición de una palabra, especialmente en sánscrito. Los católicos tienen el rosario y repiten el Ave María; repiten lo que sea. ¿Saben ustedes lo que ocurre cuando repiten constantemente una serie de palabras? Se hipnotizan a sí mismos hasta tranquilizarse. O se dejan llevar por el sonido de la palabra. Cuando siguen repitiendo cierta palabra, ésta produce, internamente, un sonido; y ese sonido interno continúa sin decaer... si lo escuchan; y se torna extraordinariamente vivo, y creen que es una cosa maravillosa. No es nada de eso, sino una forma de autohipnosis. Eso también tiene que ser rechazado por completo.

Ahora llegamos a algo muy diferente, que es la percepción y la atención. No sé si ustedes han investigado sobre esto –no mediante la lectura de libros, ni aprendiendo de otro cómo estar atentos en alguna escuela de Asia o en algún monasterio–, pero si lo han hecho, verán por ustedes mismos lo que significa no aprender de otro. Ustedes tienen que aprender por sí mismos lo cual significa estar atento; darse cuenta del salón donde están reunidos; darse cuenta de la proporción del salón y de los colores que contiene; sin decir si es feo o bonito, simplemente observarlo. Mientras caminan por la calle, sean conscientes de las cosas que pasan a su alrededor, observando las nubes, los árboles, la luz sobre el agua, el pájaro volando. Estén atentos sin que el pensamiento interfiera diciendo: «esto es correcto», «esto es erróneo», «esto debe ser» o «no debe ser». Dense cuenta de las cosas que están ocurriendo fuera, luego dense cuenta también internamente, observen todo movimiento del pensamiento, observen todo sentimiento, toda reacción; eso aviva la mente de manera extraordinaria.

Existe una diferencia entre la concentración y la atención. La concentración es un proceso de exclusión, un proceso de resistencia y, por lo tanto, un conflicto. ¿Han observado ustedes su mente alguna vez cuando están tratando de concentrarse en algo? Ella se extravía y ustedes tratan de que vuelva atrás, y de esa manera se desarrolla una lucha; ustedes tratan de enfocar su atención, de concentrarse en algo, pero el pensamiento siente interés por mirar fuera de la ventana, o por pensar en alguna otra cosa. En este conflicto hay un enorme desperdicio de energía y tiempo.

Nos preguntamos por qué la mente parlotea, por qué habla incesantemente con ella misma o con alguna otra persona, o por qué desea estar ocupada eternamente, bien sea leyendo un libro, escuchando la radio, manteniéndose activa. ¿Por qué? Si se han parado a pensar verán que existe un hábito de desasosiego; su cuerpo nunca puede sentarse tranquilo durante algún período prolongado de tiempo, siempre está haciendo algo o afanándose por nada. La mente parlotea también; de lo contrario, ¿qué le ocurriría? Está atemorizada, por lo tanto tiene que estar ocupada. Tiene que estar activa con alguna reforma social, con esto o aquello, con alguna creencia, con alguna disputa, con algo que haya ocurrido en el pasado; está pensando constantemente.

Como estábamos diciendo: la atención es completamente distinta de la concentración. La percepción y la atención andan juntas, pero no así la concentración. Una mente que se mantiene intensamente atenta puede observar con total claridad, sin distorsión alguna, sin resistencia alguna y, además, funcionar de una manera eficaz y objetiva. ¿Qué cualidad tiene una mente así? (Espero que estén interesados en esto, porque es parte de la vida. Si rechazan todo esto, rechazan también la totalidad de la vida. Si no conocen el sentido y la importancia de la meditación, no saben nada de la vida.

Puede que tengan el último modelo de automóvil, puede que les sea posible viajar por todo el mundo libremente, pero si no saben lo que es la verdadera belleza, la libertad y el júbilo de lo que es la meditación, están privándose de gran parte de la vida. Desde luego, esto no es para obligarles a decir, «tengo que aprender a meditar». Es una cosa natural que acontece. Una mente que inquiere tiene que llegar a eso inevitablemente; una mente alerta, que observa "lo que es" en sí misma, se comprende a sí misma, se conoce a sí misma.)

Preguntamos: ¿cuál es la cualidad de una mente que ha llegado tan lejos, de forma natural, sin esfuerzo alguno? Si miramos una nube o un árbol, el rostro de la esposa, o del esposo, o del vecino, veremos que sólo desde el silencio podemos observar con claridad. Podemos oír sólo cuando no existe algún ruido autoproyectado. Cuando parloteamos con nosotros mismos, comparando lo que se está diciendo con lo que ya sabemos, entonces no estamos escuchando. Cuando observamos con nuestros ojos y al hacerlo toda clase de prejuicios y conocimientos interfieren, no estamos observando en realidad. De manera que cuando realmente observamos y escuchamos sólo podemos hacerlo desde el silencio.

No sé si alguna vez han llegado tan lejos. No es algo que cultivamos, lleva años alcanzarlo, porque no es producto del tiempo o de la comparación, sino de la observación de la vida cotidiana, la observación de nuestros pensamientos y la comprensión del pensamiento. *Cuando la mente está consciente de manera cabal se torna extraordinariamente silenciosa, quieta; no está dormida, sino sumamente despierta en ese silencio.* Sólo una mente así puede ver lo que es la verdad, puede ver si hay o no hay algo más allá. Sólo una mente así es una mente religiosa, porque ha abandonado el pasado por completo, aun cuando puede utilizar el recuerdo del pasado. La religión es, pues, algo que no puede expresarse en palabras; que no puede ser medido por el pensamiento, porque el pensamiento está siempre midiendo; y es, tal y como dijimos, la respuesta del pasado. El pensamiento nunca es libre, siempre funciona dentro del campo de lo conocido.

Así, pues, una mente que es capaz de comprender lo que es la verdad, lo que es la realidad –si existe algo como la realidad–, tiene que estar completamente libre de todos los engaños, decepciones e ilusiones humanas. Y esto requiere mucho trabajo. Significa una disciplina interna; una disciplina que no es imitación, conformidad o reajuste. La disciplina surge de la observación de "lo que es" y del aprender sobre ello; este aprender es su propia disciplina. Hay por lo tanto orden, y con él desaparece el desorden en uno mismo. Todo esto, desde el comienzo de estas charlas hasta ahora, forma parte de la meditación.

Sólo cuando sepamos cómo mirar una nube o ver la belleza de la luz sobre el mar, cómo mirar a nuestra esposa –o al joven o la joven– con una mirada fresca, con una mente inocente que nunca ha sido lastimada, que nunca ha derramado una lágrima, entonces la mente podrá ver lo que es la verdad.

INTERLOCUTOR: *Hace poco verifiqué por mí mismo lo que usted dice: que la clave para la libertad interna es experimentar que el observador y lo observado son una misma cosa. Yo tenía que realizar un trabajo muy arduo y tedioso, contra el cual desarrollé gran resistencia. Me di cuenta de que yo era esa resistencia y que únicamente la resistencia miraba la resistencia. Entonces de pronto esa resistencia se disipó –fue como un milagro– y tuve hasta la fuerza física para terminar el trabajo.*

K.: ¿Está usted tratando de confirmar lo que estoy diciendo, dándonos estímulos a mí o al auditorio? (*Risas.*)

I.: *Se requiere una enorme energía antes de que uno llegue al punto de ver que el observador y lo observado son uno solo.*

K.: El caballero dice que el observador es lo observado; esto es: cuando hay temor, el observador es parte de este temor. No se identifica él mismo con el temor, el observador es parte de ese mismo temor. Darse cuenta de eso es bastante fácil. O se da usted cuenta de eso verbalmente, teóricamente –comprendiendo el significado de las palabras–, o realmente ve que el observador y lo observado son uno solo. Si lo ve en realidad, ello constituye ciertamente una diferencia drástica en su vida, pues el conflicto termina. Cuando existe una división, esto es, una brecha entre el observador y lo observado, hay un intervalo de tiempo y, por lo tanto, hay conflicto. Cuando uno realmente ve y confirma por observación propia que el observador y lo observado son la misma cosa, entonces termina todo conflicto en la vida, en todas nuestras relaciones.

I.: *Cuando nos damos cuenta de que el pasado, como la memoria, se interpone entre algo más profundo y lo exterior, ¿qué podemos hacer? No podemos detenerlo: ello prosigue.*

K.: La memoria se interpone entre lo externo y lo interno. Hay lo interno, y lo externo, y la mente, en su calidad de memoria, existe como algo separado, como el pasado. De manera que ahora existen tres cosas: lo interno, lo externo y la mente como el pasado. Por favor, señor, no se ría, esto es nuestra vida, esto es lo que estamos haciendo; aun cuando pueda usted formular la pregunta de forma diferente, eso es lo que realmente está ocurriendo en nuestra vida diaria. Usted quiere hacer algo, y la mente dice: «No lo hagas, o hazlo de alguna otra forma», de modo que hay una lucha continua. La mente está interviniendo; la mente como pensamiento, siendo el pensamiento el pasado. El pensamiento se interpone entre lo real, lo interno y lo externo; ¿qué vamos a hacer, pues? La función del pensamiento es dividir; ha dividido la vida entre el pasado, el presente y el futuro. El pensamiento también ha dividido lo interno de lo externo. El pensamiento dice: «¿Cómo puedo servir de puente entre los dos y actuar como un todo?». ¿Puede el pensamiento hacer eso, siendo él mismo el factor que divide?

I.: *Querer es poder.*

K.: No, señor: usted hace lo que quiere en el mundo; su propósito es destruir a la gente y ha tenido éxito; ha encontrado el medio de hacerlo. No estamos interesados en la voluntad; la voluntad es la cosa más destructiva, porque la voluntad se basa en el placer, en el deseo, y no en el goce libre.

Usted pregunta cómo el pensamiento puede ser mantenido quieto. ¿Cómo puede estar silencioso el pensamiento? ¿Es ésa la pregunta correcta? Porque si formulamos una pregunta incorrecta, invariablemente recibimos una contestación incorrecta. (*Risas.*) No, señores, esto no es materia de risa. Usted tiene que formular la pregunta correcta. ¿Es correcto preguntar: «Cómo puede terminar el pensamiento»? ¿O tiene uno que averiguar cuál es la función del pensamiento? Si pone fin al pensamiento –si eso es de alguna forma posible–, entonces ¿cómo actuará usted cuando tenga que ir a la oficina? Aparentemente, el pensamiento es necesario.

Decimos que el pensamiento es peligroso en cierto sentido porque divide; y, sin embargo, el pensamiento tiene que funcionar de manera lógica, sana, objetiva, saludable en otro sentido. ¿Cómo es eso posible? ¿Cómo puede no intervenir el pensamiento? ¿Ve usted el problema? No se trata de "cómo poner fin al pensamiento". Cuando haya formulado la pregunta con total claridad, lo podrá ver por usted mismo. El pensamiento, que es la respuesta del pasado, interviene, establece división, como lo externo y lo interno, y destruye la unidad. Por lo tanto, decimos: «Destruyamos el pensamiento, matemos la mente». Ésta es una pregunta totalmente incorrecta. Pero si explorásemos dentro de la estructura total del pensamiento, si viésemos cuándo es necesario y cuándo no, entonces sabríamos que la mente puede operar inteligentemente cuando el pensamiento no funciona, así como también cuando tiene que funcionar el pensamiento.

I.: *¿Por qué es usted más consciente que yo de "lo que es"? ¿Cuál es su secreto?*

K.: Nunca había pensado realmente sobre eso. Sencillamente observe: ¿es la humildad algo que se ha de cultivar? Si cultiva la humildad, seguirá siendo vanidad. Si practica el estar alerta de "lo que es", dejará de estar alerta. Pero si está alerta cuando se halla sentado en un autobús, o mientras conduce un vehículo, cuando mira, habla, o está divirtiéndose, entonces de eso surge, natural y fácilmente, la percepción de "lo que es". *Pero si trata de practicar cómo prestar mucha atención a "lo que es", lo que opera es el pensamiento y no la percepción.*

I.: *¿Dijo usted que para estar libre no debíamos tener maestro alguno? ¿Lo interpreté correctamente?*

K.: ¿Qué papel desempeña un maestro? Si conoce una materia como la medicina, la ciencia, cómo manejar un ordenador, etcétera, su misión es instruir a otro sobre el conocimiento y la información que él posee. Eso es bastante sencillo. Pero si hablamos del maestro que dice que sabe, y desea instruir al discípulo, entonces desconfíe de él porque el hombre que dice que sabe, no sabe. Porque la verdad, la belleza de la iluminación, o como lo llame, nunca podrá ser descrita: existe. Es algo vivo, algo en movimiento; es activa, es ingrávida. Únicamente cuando se trata de una cosa muerta podemos decir lo que es; y el maestro que le enseña sobre cosas muertas no es un maestro.

I.: *¿Cómo podemos reunir la concentración, la disciplina y la atención?*

K.: La palabra "disciplina" significa "aprender de otro". El discípulo es uno que aprende del maestro. ¿Han considerado o investigado alguna vez la cuestión de qué es aprender? ¿Qué significa el verbo "aprender"? O hay un aprender para añadir a lo que ya sabemos, lo cual se convierte en conocimiento –como la ciencia–, o existe el aprender que no es una acumulación de conocimiento, sino un movimiento. ¿Ven ustedes la diferencia entre los dos? O aprendo con el propósito de acumular conocimiento, para ser eficiente tecnológicamente, etcétera, o estoy aprendiendo todo el tiempo algo que es nuevo, de manera que la acción es siempre nueva. Escuchen esto, por favor: deseo saber, deseo aprender por mí mismo. Soy una entidad muy compleja, pues existe tanto lo oculto como lo obvio. Deseo saber sobre la totalidad completa de mí mismo. De manera que me observo yo mismo y veo que tengo miedo; veo la causa de ese temor; al observar he aprendido y eso se ha convertido en conocimiento mío. Pero si la próxima vez que el temor surge, lo miro con el conocimiento previo, entonces he dejado de aprender. Lo miro tan sólo con el pasado y no estoy aprendiendo sobre lo que está realmente ocurriendo. Para aprender sobre mí mismo tiene que haber libertad, de manera que haya observación constante, sin la intervención del pasado, sin que interfiera el pensamiento. Aprender tiene, pues, dos significados: aprender para adquirir conocimiento con el cual pueda actuar más eficientemente en ciertas esferas, o aprender sobre sí mismo, de manera que el pasado –que es pensamiento– no intervenga todo el tiempo. Así puedo observar, y la mente está siempre sensible.

I.: *Me gustaría preguntarle si come carne o pescado.*

K.: ¿Le interesa realmente eso? En mi vida he tocado la carne o el pescado; nunca los he probado, nunca he fumado o ingerido licor; esas cosas no me atraen, no tienen significado alguno. ¿Eso lo convertiría a usted también en un vegetariano? (*Risas.*) ¡No lo creo! Mire, los héroes y los ejemplos son las peores cosas que uno puede tener. Averigüe por qué come carne, por qué se complace en fumar e ingerir licor, por qué no puede llevar una vida sencilla –lo cual no significa un solo traje de vestir o una comida al día, sino una mente que sea sencilla, sin todas esas distorsiones de los placeres, deseos, afanes y ambiciones–, de manera que pueda observar directamente y percibir la belleza del mundo.

I.: *Únicamente deseaba preguntar ¿qué es el humor?*

K.: Supongo que realmente significa reírse de uno mismo. Tenemos tantas lágrimas en nuestro corazones, tanta desdicha; simplemente es mirarnos a nosotros mismos con una sonrisa; observarnos con claridad, con serenidad y, además, reírnos, si es que podemos hacerlo.

Santa Mónica, California
8 de marzo de 1970

PARTE II

5. EL MIEDO

«¿PUEDE UNO observar sin el centro, sin nombrar aquello que se llama miedo, cuando surge? Se requiere una disciplina tremenda.»

Uno tiene que ser serio, porque sólo pueden vivir una vida completa y total aquellos que son vitalmente serios. Esa seriedad no excluye el gozo, el júbilo, pero mientras haya temor no será posible que sepamos lo que significa tener un gran gozo. El miedo parece ser una de las cosas más comunes de la vida y, por extraño que parezca, lo hemos aceptado como una forma de vida –al igual que hemos aceptado la violencia, en todas sus variadas formas, como una manera de vivir– y nos hemos acostumbrado a estar psicológicamente atemorizados.

Creo que debemos investigar de una manera completa la cuestión del miedo, comprenderlo totalmente, de modo que cuando abandonemos este sitio estemos libres de él. Podemos hacerlo; no es una mera teoría o una esperanza. Si le prestamos completa atención a esta cuestión del miedo, cómo lo abordamos, cómo lo miramos, entonces encontraremos que la mente –la mente que tanto ha sufrido, que tanto dolor ha soportado, que ha vivido con tanto sufrimiento y temor –estará libre de él. Para investigar esto es absolutamente esencial que no tengamos prejuicio alguno que nos impida comprender la verdad de "lo que es". Emprender este viaje juntos no implica ni aceptación ni rechazo; ni tampoco decirse uno mismo que es absolutamente imposible deshacerse del miedo, ni que es posible hacerlo. Uno necesita una mente libre a fin de explorar esta cuestión; una mente que, no habiendo llegado a conclusión alguna, esté libre para observar, para inquirir.

Existen numerosas y diferentes formas de miedo psicológico y psicosomático. Penetrar en cada una de esas variadas formas de miedo, en todos sus aspectos, nos llevaría una enorme cantidad de tiempo. Pero uno puede observar las características generales del miedo; uno puede observar la naturaleza y estructura general del temor sin perderse en los detalles de algún miedo concreto que uno tenga.

Cuando cada uno comprende la naturaleza y estructura del miedo como tal, entonces con esa comprensión puede acercarse al temor particular.

Alguien puede temer la oscuridad, puede temer a su esposa o esposo, o a lo que el público diga, piense, o haga; puede tener miedo del sentido de la soledad, o de la vacuidad de la vida, o del tedio de su existencia insensata. Puede sentirse temeroso del futuro, de la incertidumbre e inseguridad del mañana… o de la bomba atómica. Puede tener miedo de la muerte, del final de su vida. Existen muchas formas de miedo: miedos neuróticos, y también sanos temores racionales; si es que el miedo puede llegar a ser alguna vez racional o sano. La mayoría de nosotros nos sentimos neuróticamente temerosos del pasado, del hoy y del mañana; de manera que el tiempo está involucrado en el miedo.

No sólo existen los temores conscientes, de los cuales nos damos cuenta, sino también aquellos que yacen muy adentro, profundamente ocultos en los recónditos abismos de nuestra mente. ¿Cómo puede uno enfrentarse con los temores conscientes y también con aquellos que están ocultos? Sin duda, el miedo está en el movimiento que se aparta de "lo que es" realmente, esta huida es lo que genera el miedo cuando hay comparación de cualquier clase: la comparación de lo que somos con lo que creemos que debemos ser. De manera que el temor radica en el movimiento para alejarnos de lo que es verdadero, no en el objeto del cual nos alejamos.

Ninguno de estos problemas del miedo puede ser resuelto mediante la voluntad, diciéndose uno mismo: «no tendré miedo». Tales actos de la voluntad no tienen significado alguno.

Estamos considerando un problema muy serio al que tenemos que prestarle toda nuestra atención. No podemos prestarle atención si estamos interpretando, o explicando, o comparando lo que se está diciendo con lo que ya sabemos. Tenemos que escuchar: arte que hemos de aprender, pues normalmente siempre estamos comparando, evaluando, juzgando, aceptando, negando, y no escuchamos de ninguna manera; en realidad, al hacerlo, nos privamos nosotros mismos de escuchar. El escuchar de una manera completa implica prestar toda nuestra atención, lo cual no significa que estemos de acuerdo o en desacuerdo. No existe acuerdo o desacuerdo cuando estamos explorando juntos, pero puede que el "microscopio" a través del cual miramos no esté limpio. Si miramos a través de un instrumento de precisión, entonces lo que uno ve es lo que otro también verá; de manera que no se trata de estar de acuerdo o en desacuerdo. Al tratar de examinar totalmente esta cuestión del miedo, tenemos que prestar toda nuestra atención, y aun así, hasta que no cesa el miedo, éste aletarga la mente, la torna insensible y la embota.

¿Cómo se descubren los temores ocultos? Uno puede conocer los temores conscientes –la manera de luchar con ellos vendrá luego–, pero existen temores ocultos que quizá sean mucho más importantes. ¿Cómo puede uno, pues, enfrentarse con ellos, cómo puede uno traerlos a la superficie? ¿Podemos descubrirlos mediante el análisis, buscando sus causas? ¿Podrá el análisis liberar a la mente del miedo, no de un temor neurótico en particular, sino de la estructura completa del miedo? En el análisis está implícito, no sólo el tiempo, sino también el analizador, y hacerlo lleva muchísimos días, años, e incluso la totalidad de nuestra vida, al final de la cual, quizás, habremos comprendido una pequeña parte, pero entonces ya estaremos listos para la fosa. ¿Quién es el analizador? Si es el profesional, el experto, que ostenta un título universitario, también utilizará el tiempo; él también es el resultado de muchas formas de condicionamiento. Si uno se analiza a sí mismo, al hacerlo está involucrado en el analizador, que es el censor, y él va a analizar el miedo que él mismo ha creado. De cualquier manera, el análisis lleva tiempo; en el intervalo entre aquello que estamos analizando y su terminación, muchos otros factores surgirán, que le darán un nuevo giro. Tenemos que ver la veracidad de que el análisis no es el camino que hay que seguir, porque el analizador es un fragmento entre los muchos otros fragmentos que constituyen el yo, el ego: él es el resultado del tiempo, y está condicionado. Ver que el análisis implica tiempo y que no logra acabar con el temor, significa que uno ha descartado por completo toda idea relacionada con el cambio progresivo; uno ha visto que el mismo factor de cambio es una de las causas principales del miedo.

(Para mí, para el que les habla, esto es algo muy importante y, como está plenamente convencido de su importancia, habla con apasionamiento; pero no está haciendo propaganda, no tienen que inscribirse en ningún grupo, no tienen que creer en nada; sólo observar, aprender y liberarse del miedo.)

El análisis no es, pues, el camino. Cuando ustedes ven que esto es verdad, significa que ya no piensan desde el punto de vista del analizador que va a analizar, a juzgar y a evaluar, y que la mente está libre de esta carga especial llamada análisis y, por lo tanto, está capacitada para observar directamente.

   ¿Cómo van ustedes a observar este miedo, cómo van a descubrir toda su estructura, todas sus partes ocultas? ¿A través de los sueños? Los sueños son la continuación, mientras dormimos, de la actividad de las horas de vigilia, ¿no es así? Ustedes observan que en los sueños siempre hay acción, que una cosa u otra está ocurriendo en los sueños, como en las horas de vigilia, o sea, la continuación de algo que todavía es parte de un movimiento total. Por lo tanto, los sueños carecen de valor. Ustedes ven lo que está ocurriendo. Estamos eliminando las cosas a las cuales nos hemos acostumbrado, como el análisis, los sueños, la voluntad, el tiempo; cuando eliminamos todo eso, la mente se torna extraordinariamente sensible, no sólo sensible, sino también inteligente. Ahora, con esa sensibilidad e inteligencia, vamos a observar el miedo. (Si realmente investigan esto, ustedes volverán la espalda a toda la estructura social, en la cual el tiempo, el análisis y la voluntad son lo que rige.) ¿Qué es el miedo?, ¿cómo surge? El miedo siempre existe en relación con algo; no existe por sí mismo. Hay temor de lo que ocurrió ayer en relación con la posibilidad de que se repita mañana; siempre hay un punto fijo desde el cual la relación se inicia. ¿Cómo engranar el miedo en esto? Ayer tuve dolor; existe el recuerdo de ello y no quiero que se repita mañana. *El pensar* en el dolor de ayer conlleva el recuerdo del dolor de ayer y proyecta el miedo de volver a sentir dolor mañana. De manera que es el pensamiento el que genera el miedo. El pensamiento engendra el temor; el pensamiento cultiva también el placer. Para comprender el temor, tenemos que comprender asimismo el placer –están relacionados entre sí–; sin comprender el uno no podemos comprender el otro; esto significa que no se puede decir: «tengo que tener únicamente placer y no miedo»; el miedo es la otra cara de la moneda, que se llama placer.

Pensando con las imágenes del placer de ayer, el pensamiento se imagina que quizá no experimentemos ese placer mañana, de manera que engendra temor; trata de dar continuidad al placer y así alimenta el temor.

El pensamiento se ha separado a sí mismo como cl analizador y como la cosa a ser analizada: ambos son partes del pensamiento, el cual se engaña a sí mismo. Al hacer todo esto, el pensamiento está rehusando examinar los temores inconscientes; introduce el tiempo como un medio para escapar del miedo, y sin embargo fomenta el miedo a la vez.

El pensamiento alimenta el placer, que no tiene absolutamente nada que ver con el júbilo, el júbilo no es producto del pensamiento, pues no es placer. Podemos cultivar el placer, pensar en él indefinidamente, pero no así con el júbilo. Tan pronto pensamos en el júbilo, ya se ha esfumado, se ha convertido en algo de lo cual derivamos placer y, por lo tanto, algo que tememos perder.

El pensamicnto engendra soledad, pero la condena, y así inventa maneras de escapar de ella mediante varias formas de entretenimiento religioso o cultural, a través de la perpetua búsqueda de dependencias psicológicas más profundas y extensas.

El pensamiento es responsable de todos estos hechos que podemos observar diariamente; éstos no son invención del que les habla, o de su peculiar filosofía o teoría. ¿Qué va uno a hacer? No podemos matar el pensamiento, no podemos decir «lo olvidaré», no podemos rechazarlo; si lo hacemos, será otra vez el resultado de la acción de otra forma de pensamiento.

El pensamiento es la respuesta de la memoria: esa memoria es necesaria para funcionar en la vida diaria, para ir a la oficina, a nuestra casa, para poder hablar; la memoria es el almacén del conocimiento tecnológico. De manera que necesitamos la memoria, y sin embargo vemos cómo la memoria, mediante el pensamiento, alimenta el miedo. La memoria es necesaria en toda la pureza y claridad del pensamiento con un solo propósito –en lo tecnológico, para desenvolverse a diario, para ganarnos el sustento de cada día, etcétera– y, aun así, vemos el hecho de que también engendra temor. Así pues, ¿qué va a hacer la mente? ¿Cómo contestaremos a esta pregunta después de considerar los diversos factores del análisis, el tiempo, el escape, la dependencia; tras ver cómo el movimiento de alejarse de "lo que es" es temor, y que el movimiento en sí también es temor? Después de observar todo eso, al ver que es verdad –no como una opinión, ni como un juicio a la ligera–, ¿cuál es su respuesta a esta pregunta? ¿Cómo puede el pensamiento funcionar eficientemente, sanamente, y, al mismo tiempo, que ese pensamiento no se convierta en un peligro, porque engendra el temor?

¿Cuál es el estado de la mente que ha pasado por todo esto? ¿Qué clase de comprensión posee la mente que ha examinado todos estos factores diferentes que hemos expuesto, que han sido explicados u observados? ¿Cuál es la característica de la mente de ustedes ahora? Porque su contestación dependerá de ello. Si ustedes han hecho el viaje, paso a paso, y han penetrado en todo lo que hemos discutido, entonces verán que su mente se ha vuelto extraordinariamente inteligente, viva y sensible, porque ha descartado todo el peso que había acumulado. ¿Cómo observan ahora todo el proceso del pensamiento? ¿Existe un centro desde el cual piensan ustedes? El centro, que es el censor, el que juzga, evalúa, condena, justifica. ¿Todavía piensan ustedes desde ese centro? ¿O no hay un centro desde el cual se piense, aun cuando exista el pensamiento? ¿Ven ustedes la diferencia?

El pensamiento ha creado un centro como el "mí": mi opinión, mi país, mi Dios, mi experiencia, mi casa, mis muebles, mi esposa, mis hijos, ya saben ustedes, el "mí", "mí", "mí". Ése es el centro desde el cual actuamos. Ese centro divide. Es obvio que ese centro y esa división son la causa del conflicto –cuando se trata de nuestra opinión contra la opinión de otro–: mi país, su país; toda esa división la crea el pensamiento. Ustedes observan desde ese centro y todavía están atrapados en el miedo, porque ese centro se ha separado a sí mismo de la cosa que él ha llamado miedo, y dice: «tengo que deshacerme de él», «tengo que analizarlo», «tengo que vencerlo», «que resistirlo», etcétera, así están fortaleciendo el miedo.

¿Puede la mente observar el miedo sin el centro? ¿Podemos mirar ese miedo sin nombrarlo? Tan pronto lo denominamos "miedo", ya la mente está en el pasado. En el momento que nombramos algo, lo dividimos. Así pues, ¿podemos observar sin ese centro, sin nombrar aquello que se llama miedo, cuando surge? Se requiere una disciplina tremenda. A continuación, la mente mira sin el centro al cual ha estado acostumbrada, y allí termina el miedo, tanto el oculto como el manifiesto.

Si no han visto esa verdad durante esta tarde, no se la lleven a casa como un problema en qué pensar. La verdad es algo que tienen que ver inmediatamente, y para ver algo con claridad deben darle ahora, de inmediato, todo su corazón y su mente, y todo su ser.

INTERLOCUTOR: *¿Dice usted que en vez de tratar de escapar del miedo –que es, en esencia, tener miedo al miedo–, debemos aceptarlo?*

KRISHNAMURTI: No, señor. No acepte nada. No acepte el miedo, pero obsérvelo. Usted nunca ha observado el miedo, ¿lo ha hecho? Nunca ha dicho usted: «Bueno, tengo miedo, voy a observarlo». Más bien ha dicho: «Tengo miedo, voy a poner la radio», o se ha ido a la iglesia, o se ha puesto a leer un libro, o ha recurrido a una creencia, o sea, ha optado por cualquier movimiento evasivo. Como nunca ha observado el miedo, nunca ha entrado en comunicación directa con él; nunca ha mirado el miedo sin nombrarlo, sin escapar, sin tratar de sobreponerse a él. Esté con él, no trate de escapar. Si lo hace así, verá que ocurre una cosa muy extraña.

I.: *Después de afrontar el miedo, ¿puede uno convertirse en él?*

K.: Usted es el miedo; ¿cómo puede usted convertirse en él? Usted es el miedo, únicamente el pensamiento se ha separado a sí mismo del miedo, sin saber qué hacer con él, ofreciéndole resistencia; y al separarse a sí mismo del miedo se convierte en el "observador" de ese miedo, al que resiste o del cual escapa. Pero el "observador", el que resiste, es miedo también.

I.: *Señor, hay una gran frustración porque a la gente no se le permite grabar las charlas. ¿Puede decirnos por qué, por favor?*

K.: Sí, es muy sencillo. En primer lugar, si usted está grabando esta charla, el hacerlo puede resultar muy perturbador para la persona que esté cerca, sobre todo cuando manipula el aparato, etcétera. En segundo lugar, ¿qué es más importante: escuchar directamente, ahora, lo que se está diciendo, o llevarse a casa una grabación y escucharla cómodamente? Cuando el que les habla dice: «no permitan que el tiempo interfiera», usted dice, por el contrario: «Bueno, grabaré lo que usted está diciendo y me lo llevaré a casa». Lo que está claro es que el miedo existe ahora; usted lo tiene en su corazón, en su mente... ahora.

I.: *Si eso es verdad, entonces, ¿por qué la Fundación vende las grabaciones?*

K.: ¿No es lo más importante escuchar directamente lo que se está diciendo ahora, mientras usted está aquí? Usted se ha tomado la molestia de venir aquí, y el que habla también se ha tomado la misma molestia. Estamos tratando de comunicarnos juntos, tratando de comprender ahora, no mañana. Y el comprender "ahora" adquiere la mayor importancia; por lo tanto, usted tiene que prestarle toda su atención, y no podrá prestársela si está tomando notas o le dedica la mitad de su atención a una grabadora.

Puede que usted no comprenda todo esto inmediatamente, de manera que desea volver a escucharlo. Entonces compre una grabación, o no la compre, o compre un libro o no lo compre; eso es todo. Si usted puede asimilar lo que aquí se ha dicho a lo largo de esta tarde durante una hora y diez minutos, completamente, de modo que lo absorba en su totalidad, con su corazón y mente, es un asunto terminado. Por desgracia, usted no lo ha hecho; no le ha dedicado su mente a todo esto anteriormente, usted ha aceptado el miedo, ha vivido con miedo y su miedo se ha tornado en un hábito suyo. Lo que dice el que habla es que destruya todo eso, y añade: «Hágalo ahora, no mañana». Nuestras mentes no están acostumbradas a ver la naturaleza del temor en su totalidad y lo que él implica. Si usted pudiera verlo de inmediato, abandonaría este salón con una mente en éxtasis. Pero la mayoría de nosotros no tenemos la capacidad para hacerlo y, por lo tanto, recurrimos a las grabaciones.

I.: *Uno observa el miedo y se descubre a sí mismo escapando de él. ¿Qué puede hacer?*

K.: En primer lugar, no se resista escapándose. Para observar el miedo tiene que prestarle atención, y cuando está en atención no condena, no juzga, no evalúa, sino que sencillamente observa. Cuando uno escapa es porque la atención ha divagado y no está atendiendo: hay inatención. Esté inatento, pero dese cuenta de que lo está; ese mismo darse cuenta de su inatención es atención. Si se da cuenta de la inatención, dese cuenta simplemente, no haga nada al respecto, excepto darse cuenta de ello; entonces, esa misma percepción de estar inatento es atención. Es muy sencillo. Una vez que vea esto, el conflicto terminará completamente, estará atento sin elección, sin opción. Cuando usted dice: «He estado atento, pero ahora no lo estoy y tengo que poner atención», hay elección. Estar atento significa darse cuenta sin elección.

I.: *Si, como usted dice, el miedo y el placer están relacionados, ¿puede uno eliminar el miedo y de esta manera disfrutar del placer completamente?*

K.: ¡Magnífico! ¿No? Líbreme de mis temores para que pueda deleitarme con mis placeres. Todos deseamos eso, algunos muy groseramente, otros muy sutilmente: escapar del miedo y retener el placer. Para tener placer usted fuma, pero en ese placer hay sufrimiento porque puede contraer una enfermedad. Usted ha disfrutado del placer, bien como hombre o como mujer, sexualmente, o de otra forma, comodidades, etcétera, pero cuando el otro pone sus ojos en alguien, usted se siente celoso, iracundo, frustrado, herido.

El placer inevitablemente causa dolor (no estoy diciendo que no podamos disfrutar del placer); pero vea la estructura en su totalidad y entonces sabrá que ese gozo, el verdadero gozo, la belleza y franqueza del gozo, no tiene absolutamente ninguna relación con el placer y, por lo tanto, tampoco con el sufrimiento o con el temor. Si ve que eso es una verdad, entonces comprenderá el placer y no le dará más importancia de la que tiene.

San Diego State College
abril de 1979

6. LA VIOLENCIA

«MIENTRAS EL "yo" sobreviva de alguna forma, ya sea muy sutil o burda, habrá violencia.»

¿Qué discutiremos esta mañana? La palabra discusión no es correcta; tendremos más bien un diálogo. Las opiniones no nos conducen a ningún sitio, y el entregarnos a un mero despliegue de ingenio tendría muy poco sentido, porque la verdad no se va a encontrar mediante el intercambio de opiniones o de ideas. Por eso, si vamos a hablar juntos sobre cualquier problema, tenemos que hacerlo en un nivel que no sea intelectual, emocional o sentimental.

INTERLOCUTOR: *Creo que la guerra contra el comunismo está justificada en cierto sentido. Quiero averiguar con usted si estoy equivocado o no. Ha de saber que viví diez años bajo el comunismo, estuve en un campo ruso de concentración y también estuve en una prisión comunista. Ellos conocen únicamente un lenguaje: el del poder. De manera que mi pregunta es: ¿es ésta una guerra de autoprotección o no?*

KRISHNAMURTI: Creo que cada grupo que auspicia la guerra siempre dice que ésta es para protegerse a sí mismo. Siempre ha habido guerras, ofensivas y defensivas, pero hay guerras que han constituido un juego peculiar y monstruoso a través de los siglos. Y a pesar de que por desgracia se nos considera educados y cultos, todavía disfrutamos de las más salvajes prácticas de carnicería. ¿Podríamos, pues, penetrar en la cuestión de qué es esta violencia excesiva, esta agresión del hombre? ¿Podríamos ver si es posible que nos liberemos de ella?

Hay quienes han dicho: «No hagas demostración de violencia en ninguna circunstancia». Esto implica vivir una vida pacífica aun cuando estemos rodeados de gente que es muy agresiva, violenta; implica una especie de isla en medio de personas que son salvajes, brutales, violentas. Pero ¿cómo puede la mente liberarse ella misma de la violencia acumulada, la violencia refinada, la violencia autoprotectora, la violencia de la agresión, la violencia de la competencia, la violencia de tratar de disciplinarse uno mismo conforme a un patrón, tratando de llegar a ser alguien, tratando de reprimirse y de intimidarse uno mismo, de embrutecerse, para ser no violento?, ¿cómo puede la mente estar libre de todos estos tipos de violencia?

Existen numerosas y diferentes clases de violencia, ¿examinaremos cada una de ellas, o consideraremos la estructura de la violencia en su totalidad? ¿Podemos observar todo el espectro de la violencia, y no sólo una parte de ella?

La fuente de la violencia es el "yo", el ego, que se expresa de maneras diferentes –división, ser o tratar de ser alguien–, con lo cual se divide a sí mismo en el "yo" y el "no yo", en lo consciente y lo inconsciente; el "yo" que se identifica, o no se identifica, bien sea con la familia o no con la familia, con la comunidad o no con la comunidad, etcétera. Es como si se tratara de una piedra tirada en un lago: las ondas se extienden cada vez más, y en el centro está el "yo". Mientras sobreviva el "yo" de alguna forma, ya sea muy sutil o burda, habrá violencia.

Sin embargo, el formular la pregunta: «¿Cuál es la raíz de la violencia?», para tratar de averiguar su causa, no implica necesariamente deshacerse de ella.

Creo que si pudiera saber por qué soy violento, habría terminado con ello. Entonces dedico semanas, meses, años a buscar la causa, o a leer las explicaciones de expertos sobre las diferentes causas de la violencia y de la agresión; pero descubro al final que todavía soy violento. ¿Investigamos en esta cuestión de la violencia mediante el descubrimiento de la causa y el efecto?, ¿o la tomamos en su totalidad y la observamos? Vemos que la causa se convierte en el efecto y el efecto en la causa –no existen diferencias muy marcadas entre causas y efectos–, es como una cadena, la causa se convierte en el efecto y el efecto se convierte en la causa, y seguimos el proceso indefinidamente. Pero si pudiéramos observar el problema de la violencia en su totalidad, lo comprenderíamos en su esencia de tal manera que ésta cesaría.

Hemos construido una sociedad que es violenta, y nosotros, como seres humanos, somos violentos; el ambiente, la cultura en que vivimos, es el resultado de nuestros esfuerzos, de nuestra lucha, de nuestro sufrimiento, de nuestras aterradoras brutalidades. Por lo tanto, la pregunta más importante es: ¿será posible terminar con esta tremenda violencia en nosotros mismos? Ésa es realmente la cuestión.

I.: *¿Es posible transformar la violencia?*

K.: La violencia es una forma de energía, es energía utilizada de tal manera que se convierte en agresión. Pero de momento no estamos tratando de transformar o de cambiar la violencia, sino de comprenderla tan bien que quedemos libres de ella; entonces la mente va más allá de ella, sin que sea tan relevante que la hayamos trascendido o transformado. ¿Es posible? ¿No es posible? Es posible... ¡Vaya con las palabras! ¿Qué pensamos sobre la violencia? ¿Cómo la observamos? Escuchen la pregunta, por favor: ¿cómo sabe uno que es violento? Cuando uno es violento, ¿se da cuenta de ello? ¿Cómo conoce uno la violencia? Esta cuestión del conocer es realmente compleja. Cuando digo, «Yo lo conozco a usted», ¿qué significa «yo lo conozco»? Lo conozco como era cuando me encontré con usted ayer, o hace diez años. Pero durante el tiempo transcurrido entre hace diez años y ahora, usted ha cambiado y yo he cambiado; por lo tanto, no lo conozco. Lo conozco únicamente como era en el pasado, de manera que nunca puedo decir «lo conozco». Por favor, comprendan primero esto que es de lo más sencillo. Por lo tanto, sólo puedo decir: «He sido violento, pero no sé ahora qué es la violencia». Usted me dice algo que irrita mis nervios, y estoy enojado. Un segundo después, uno se dice: «He estado enojado». En el momento de la ira, uno no la reconoce, sino después. Tenemos que examinar la estructura del reconocimiento; si no entendemos eso, no podremos enfrentarnos con la ira de una forma nueva. Estoy irritado, pero es poco tiempo después cuando me doy cuenta de haberlo estado. Ese darse cuenta es el reconocimiento de que he estado irritado; ocurre después del hecho; de lo contrario, no lo reconozco como ira. Vea lo que ha ocurrido: el reconocimiento interfiere con la realidad presente. Siempre estoy traduciendo la realidad presente en términos del pasado.

¿Puede uno, por lo tanto, sin traducir el presente en términos del pasado, observar la respuesta de forma nueva, con una mente fresca? Usted me llama tonto, y toda la sangre se me sube a la cabeza y le digo: «¡Y usted también!». ¿Qué ha ocurrido en mí, emocional e internamente? Tengo una imagen de mí mismo como algo que considero deseable, noble, que vale la pena; y usted está insultando esa imagen. Esa imagen, que es lo viejo, es la que responde. De manera que la siguiente pregunta es: ¿puede la respuesta no ser del pasado?, ¿puede haber un intervalo entre lo "viejo" y la realidad nueva?, ¿puede lo viejo estar indeciso, de manera que permita que lo nuevo ocurra? Creo que en eso descansa todo el problema.

I.: *¿Dice usted que toda violencia surge únicamente de la división entre lo que no es y lo que es?*

K.: No, señor. Vamos a comenzar de nuevo. Somos violentos. Durante toda la existencia los seres humanos han sido violentos y siguen siendo violentos. Deseo averiguar, en mi calidad de ser humano, cómo trascender esta violencia, como ir más allá de ella. ¿Qué he de hacer? Veo lo que la violencia ha ocasionado en el mundo, cómo ha destruido todo tipo de relaciones, cómo ha generado una agonía profunda en uno mismo, y también sufrimiento; veo todo eso. Y me digo a mí mismo que deseo vivir una vida realmente pacífica en la cual exista una gran abundancia de amor, que toda violencia tiene que terminar. ¿Qué he de hacer ahora? Primero, no debo escapar de la violencia; tenemos que asegurarnos de eso. No puedo escapar del hecho de que soy violento. "Escapar" de la violencia quiere decir condenarla, justificarla o darle el nombre de violencia, pues el nombrarla es una forma de condenación, una forma de justificación.

Tengo que darme cuenta de que la mente no puede ser distraída del hecho de la violencia, ni buscando la causa, ni en la explicación de la causa, ni nombrando el hecho de que soy violento, ni justificándola, ni condenándola, o tratando de deshacerme de ella. Eso son maneras de distraerse del hecho de la violencia. La mente tiene que ver con absoluta claridad que no existe escape que nos libre de ella, ni puede existir el ejercicio de la voluntad que dice: «La conquistaré»; la voluntad es la esencia misma de la violencia.

I.: *En dos palabras: ¿estamos tratando de averiguar lo que es la violencia, encontrando el orden en ella?*

K.: No, señor, ¿cómo puede haber orden en la violencia? La violencia es desorden.

No puede haber ningún escape, ninguna justificación intelectual o explicativa. Observen la dificultad de esto, pues la mente es tan astuta, tan lista para escaparse porque no sabe qué hacer con su violencia. No es capaz de enfrentarse con ella –o cree que no lo es– y, por lo tanto, escapa. Toda clase de escape, distracción, o movimiento para alejarse, sostiene la violencia. Si uno se da cuenta de esto, entonces la mente queda frente a frente con el hecho de "lo que es" y nada más.

I.: *¿Cómo puede uno saber que es violencia si no le pone un nombre?*

K.: Cuando uno le pone el nombre ya lo está relacionando con el pasado, con lo cual lo está observando con los ojos que están influidos por el pasado, y por eso no lo observa con una mirada nueva; eso es todo. ¿Entiende?

Uno observa la violencia, justificándola, diciendo que es necesaria para poder vivir en esta sociedad monstruosa, diciendo que la violencia forma parte de la naturaleza –«escuche, la naturaleza mata»–; está condicionado para observar condenando, justificando o resistiéndose. Puede observarla de forma nueva, fresca, únicamente cuando se da cuenta de que está identificando lo que ve con las imágenes de lo que ya conoce, y que, por lo tanto, no está observándola con un nuevo enfoque. Surge, pues, la pregunta: ¿cómo se forman esas imágenes, o cuál es el mecanismo que forma las imágenes? Mi esposa me dice: «Tú eres tonto». No me gusta eso, y queda una huella en mi mente. Dice alguna otra cosa, y eso deja también una cicatriz en mi mente. Estas cicatrices son las imágenes de la memoria. Pero si en el mismo momento en que ella me dice: «Tú eres tonto», estoy atento y me doy cuenta, entonces no queda huella alguna; además, puede que esté en lo cierto.

De manera que la inatención genera imágenes y la atención libera la mente de la imagen. Esto es muy sencillo. De la misma manera, si cuando siento ira estoy completamente atento, entonces no existe la inatención que permite que el pasado surja e interfiera con la percepción real de la ira en ese momento.

I.: *¿No es ésa una acción de la voluntad?*

K.: Dijimos que la voluntad es en el fondo violencia. Examinemos lo que es la voluntad: «deseo hacer esto»; «no aceptaré eso»; «haré aquello»; resisto, exijo, deseo, todo eso son formas de resistencia. Cuando usted dice que se propone tal cosa, eso es una forma de resistencia, y la resistencia es la violencia.

I.: *Le entiendo cuando usted dice que evadimos el problema buscando una respuesta; eso se aparta de "lo que es".*

K.: De manera que deseo saber cómo observar "lo que es". Ahora bien, estamos tratando de averiguar si es posible trascender la violencia. Decíamos: «No escape de ella; no se evada de ese hecho central de la violencia». Se formuló la pregunta: «¿Cómo sabe uno que es violencia?» ¿La conoce usted únicamente porque puede reconocerla después como que ha sido violencia? Pero cuando la observa sin nombrarla, sin justificarla ni condenarla (todo lo cual es el condicionamiento del pasado), entonces la está observando con una mirada nueva, ¿no es así? ¿Es, entonces, violencia? Ésta es una de las cosas más difíciles de hacer, porque toda nuestra vida está condicionada por el pasado. ¿Sabe usted lo que es vivir en el presente?

I.: *Usted dice: «Esté libre de violencia»… eso incluye mucho más; ¿hasta dónde llega la libertad?*

K.: Investigar la libertad, ¿qué significa eso? Muy adentro, en lo profundo, están todas las iras, frustraciones, resistencias; y la mente también tiene que estar libre de ellas, ¿no es así? Yo pregunto: ¿puede la mente estar libre de la violencia activa en el presente, estar libre de todas las acumulaciones inconscientes de odio, ira, amargura, que están ahí, en lo profundo? ¿Cómo se ha de hacer esto?

I.: *Si uno está libre de la violencia, entonces, cuando la ve a su alrededor, ¿no se deprimirá? ¿Qué puede uno hacer?*

K.: Lo que uno tiene que hacer es enseñar a otro. Enseñar a otro es la profesión más elevada en el mundo, no por dinero, no por su cuantiosa cuenta de banco, sino sencillamente enseñar, informar a otros.

I.: *¿Cuál es la manera más fácil de…?*

K.: ¿Cuál es la manera más fácil?… (*Risas.*)… ¡Un circo! Señor, usted enseña a otro y enseñándole está usted mismo aprendiendo. No es que usted primero haya aprendido, haya acumulado, y luego informe. Usted mismo es violento; comprenderse uno mismo es ayudar a otro a comprenderse a sí mismo, de modo que enseñar es aprender. Usted no ve la importancia de todo esto.

Sigamos, pues. ¿No desean ustedes saber de todo corazón qué es el amor? ¿No ha sido el clamor humano, durante miles de años, averiguar cómo vivir en paz, cómo tener verdadera abundancia de amor, de compasión? Esto sólo puede manifestarse cuando existe el verdadero sentido de "no yo", ¿comprenden? Y decimos: para averiguarlo, observen –bien sea desde la soledad, o desde la ira, o desde la amargura– observen, sin escapar de ninguna manera. El nombrarlo constituye el escape, de manera que no le pongan nombre, obsérvenlo. Y entonces vean –sin nombrarla– si la amargura existe.

I.: *¿Recomienda usted deshacerse de toda violencia, o es saludable algún tipo de violencia en nuestras vidas? No me refiero a la violencia física, sino a deshacerse de frustraciones. ¿Puede servir de ayuda el tratar de no estar frustrado?*

K.: No, señora. La contestación está en la pregunta: ¿por qué estamos frustrados? ¿Se ha preguntado usted alguna vez por qué se siente frustrada? Y para contestar a esa pregunta ¿se ha preguntado usted qué es la realización? ¿Por qué desea usted realizarse? ¿Existe eso que llamamos la realización? ¿Qué es lo que se realiza? ¿Es el "yo", el "yo" que es violento, el "yo" que está dividiendo, el "yo" que dice: «Soy más grande que tú», que busca ambición, fama, notoriedad? Como quiere alcanzar algo, se frustra cuando no puede conseguirlo; y entonces se llena de amargura. ¿Ven ustedes que existe algo llamado el "yo" que desea expandirse y que, cuando no puede expandirse, se siente frustrado y, por lo tanto, amargado? Esa amargura, ese deseo de expandirse es violencia. Ahora bien, cuando uno ve esa verdad, no existe deseo alguno de realización y, por lo tanto, no hay frustración.

I.: *Tanto las plantas como los animales son seres vivientes, ambos tratan de sobrevivir. ¿Establece usted alguna distinción entre matar animales para comer y matar plantas también para comer? De ser así, ¿por qué?*

K.: Uno tiene que sobrevivir, de manera que uno mata las cosas disponibles que son menos sensibles. En mi vida he comido carne. Y creo que algunos científicos están llegando también gradualmente a ese mismo punto de vista: si ellos lo hacen, ¡entonces sí lo aceptarían ustedes!

I.: *Me parece que todos los que estamos aquí estamos acostumbrados al pensamiento aristotélico, y que usted está usando tácticas no aristotélicas; y la separación es tan completa que estoy asombrado. ¿Cómo podemos estar en comunión directa?*

K.: Ésa es la dificultad, señor. Usted está acostumbrado a una fórmula o lenguaje en particular, con cierto significado, y el que les habla no tiene ese punto de vista particular. De manera que hay dificultad en la comunicación. Hemos discutido eso: hemos dicho que la palabra no es la cosa, que la descripción no es lo descrito, que la explicación no es lo explicado. Usted continúa adhiriéndose a la explicación, agarrándose a la palabra, y de ahí la dificultad.

Vemos, pues, cuánta violencia hay en el mundo, la cual proviene, en parte, del miedo y, en parte, del placer. Existe un impulso tremendo hacia la excitación, la deseamos y alentamos a la sociedad para que nos la proporcione. Y después culpamos a la sociedad, aunque seamos nosotros los responsables. Y nos preguntamos a nosotros mismos si la tremenda energía de esta violencia puede ser utilizada de forma diferente. Para ser violento se requiere energía: ¿puede esa energía ser transformada o movida en otra dirección? El comprender y el ver que eso es verdad, convierte esa energía en algo completamente distinto.

I.: *¿Quiere usted decir entonces que la no violencia es absoluta? ¿Que la violencia es una aberración de lo que pudiera ser?*

K.: Sí, si desea expresarlo así. Decimos que la violencia es una forma de energía y que asimismo el amor es una forma de energía, el amor sin celos, sin ansiedad, sin temor, sin amargura, sin toda la agonía que conlleva el llamado amor. Ahora bien, la violencia es energía, y el amor, rodeado y circundado por los celos, es también otra forma de energía. Trascender ambos implica mover la misma energía en una dirección o dimensión totalmente distinta.

I.: *¿Es realmente violencia el amar con celos?*

K.: Desde luego que lo es.

I.: *De manera que tenemos las dos energías, el amor y la violencia.*

K.: Se trata de la misma energía, señor.

I.: *¿Cuándo debiéramos tener experiencias psíquicas?*

K.: ¿Qué tiene eso que ver con la violencia? ¿Cuándo debiera usted tener experiencias psíquicas? ¡Nunca! ¿Sabe usted lo que significa tener experiencias psíquicas? Para tener esa experiencia, la experiencia perceptiva extrasensorial, uno tiene que ser extraordinariamente maduro, extraordinariamente sensible y, por lo tanto, extraordinariamente inteligente; y si uno es extraordinariamente inteligente, no desea experiencias psíquicas. (*Risas.*)

Por favor, pongan en esto todo su corazón: vean cómo los seres humanos se están destruyendo unos a otros mediante la violencia; el marido destruye a la esposa, y la mujer destruye al marido; aun cuando duerman juntos, coman juntos, cada uno vive aislado con sus propios problemas, con sus propias ansiedades; y ese aislamiento es violencia. Ahora bien, cuando uno ve todo esto de frente con mucha claridad –lo ve, no piensa en ello simplemente– cuando ve el peligro, uno actúa, ¿no es así? Cuando uno ve un animal peligroso, actúa; no hay titubeo, no hay discusión de ningún tipo entre uno y el animal; uno sencillamente actúa, se aparta corriendo, o hace algo. Aquí estamos discutiendo porque no vemos el enorme peligro de la violencia.

Si uno ve realmente, con su corazón, la naturaleza de la violencia, si ve el peligro que implica, el asunto ha terminado. Pero ¿cómo puede uno sentir su peligro si no quiere ver? Ni el lenguaje aristotélico ni el no aristotélico pueden ayudarle.

I.: *¿Cómo afrontamos la violencia en otros?*

K.: Ése es realmente un problema muy difícil, ¿no es así? Mi vecino es violento: ¿cómo trataré con él?, ¿poner la otra mejilla? A él le parecerá estupendo. ¿Qué debo hacer? ¿Se haría usted esa pregunta si fuera realmente no violento, si no hubiera violencia en usted? Le ruego que preste atención a esta pregunta. Si en su corazón, en su mente, no hay violencia en absoluto, ningún odio, ninguna amargura, ningún sentido de realización, ningún deseo de ser libre, ninguna violencia, ¿se haría usted esa pregunta de cómo se enfrentaría a su vecino que es violento? ¿O sabría usted entonces qué hacer con su vecino? Otros podrían calificar de violento lo que usted hace, pero puede que usted no sea violento; en cuanto su vecino actúe violentamente, usted sabrá cómo afrontar la situación. Pero una tercera persona que esté observando podría decir: «Usted también es violento». Sin embargo, usted sabe que no lo es. Por lo tanto, lo importante es que usted sepa que no es violento, y lo de menos es cómo lo llame otro.

I.: *No es la creencia en la unidad de todas las cosas tan humana como la creencia en la división de todas las cosas?*

K.: ¿Por qué desea usted creer en algo? ¿Por qué desea creer en la unidad de todos los seres humanos? El hecho es que no estamos unidos. ¿Por qué desea creer en algo que no es un hecho? Ahí tenemos toda esa cuestión de las creencias; fíjese, usted tiene una creencia y el otro tiene la suya; y se pelean, y matan el uno al otro por una creencia.

¿Por qué tiene creencias? ¿Las tiene porque tiene miedo? ¿No? ¿Cree usted en la salida del Sol? El hecho está ahí para ser visto, no tiene que creer en eso. La creencia es una forma de división y, por lo tanto, de violencia. Estar libre de la violencia implica estar libre de todo lo que el hombre ha impuesto a otro hombre: la creencia, el dogma, los rituales, mi país y su país, su dios y mi dios, mi opinión, su opinión, mi ideal. Todo eso ayuda a dividir a los seres humanos y, por lo tanto, a engendrar violencia. Y a pesar de que las religiones organizadas han predicado la unidad del género humano, cada religión cree que es muy superior a las otras.

I.: *Interpreté lo que usted decía acerca de la unidad como queriendo decir que aquellos que predican la unidad están realmente ayudando a la división.*

K.: Exactamente, señor.

I.: *¿El propósito de la vida es sólo saber sobrellevar la existencia?*

K.: Usted dice: «¿Es éste el propósito de la vida?» Pero ¿por qué desea usted un propósito para vivir? Viva. Vivir es su propio propósito; ¿por qué desea usted un propósito? Mire, cada uno de nosotros tiene su propio propósito, el hombre religioso tiene su propósito, el científico, su propósito, el cabeza de familia, su propósito, etcétera, todos dividiéndose. La vida del hombre que tiene un propósito genera violencia. Es tan claro y tan sencillo.

San Diego State College
8 de abril de 1970

7. LA MEDITACIÓN

«Si esta cosa extraordinaria está funcionando en nuestra vida, entonces eso es todo; entonces nos convertimos en el maestro, en el discípulo, en el vecino, en la belleza de la nube; entonces somos todo eso, y eso es amor.»

¿Qué es meditación? Antes de que entremos en ese problema realmente tan complejo e intrincado, debemos establecer con gran claridad qué es lo que buscamos. Todo el mundo busca siempre algo, especialmente el que tiene inclinaciones religiosas; y aun para el científico, la búsqueda se ha convertido en algo muy importante. Este factor, el de la búsqueda, tiene que ser comprendido muy clara y definitivamente antes de que podamos investigar qué es la meditación e incluso por qué deberíamos meditar, cuál es su utilidad y adónde nos conduce.

La palabra "buscar" –hacer algo para hallar a alguien o algo– implica que ya sabemos, más o menos, qué es lo que perseguimos, ¿no es así? Cuando decimos que buscamos la verdad, o que buscamos a Dios –si tenemos inclinaciones religiosas–, o que estamos buscando una vida perfecta, etcétera, ya debemos tener en nuestras mentes una imagen o una idea de ello. Para encontrar algo después de buscarlo, tenemos que saber de antemano cuál es su perfil, su color, su sustancia, etcétera ¿No está implícito en la palabra "buscar" que hemos perdido algo y que lo vamos a encontrar, y que cuando lo encontremos podremos reconocerlo, lo cual significa que lo hemos conocido ya, que todo lo que tenemos que hacer es ir en su búsqueda y encontrarlo?

Lo primero que averiguamos en la meditación es que el buscar no ayuda en nada; porque lo que se busca está predeterminado por lo que deseamos; si estamos tristes, solos, desesperados, buscaremos esperanza, compañía, algo que nos sirva de sostén, y lo encontraremos inevitablemente.

En la meditación tenemos que establecer la base, la base del orden, que es rectitud, no respetabilidad, ni la moralidad social, que no es moralidad alguna, sino el orden que surge de la comprensión del desorden: una cosa totalmente diferente. El desorden tiene que existir mientras exista el conflicto, tanto interna como externamente.

El orden, que nace de la comprensión del desorden, no se manifiesta de acuerdo con un diseño, de acuerdo con alguna autoridad, o conforme a la experiencia particular de uno mismo. Es obvio que este orden tiene que surgir sin esfuerzo, porque el esfuerzo distorsiona; tiene que surgir sin ninguna clase de control.

Hablamos de algo muy difícil cuando decimos que tenemos que alcanzar el orden sin control. Debemos comprender el desorden, cómo se origina, pues se trata del conflicto que existe en nosotros mismos. Al observarlo lo comprendemos; no es cuestión de vencerlo, de estrangularlo, o de reprimirlo. Observar sin distorsión, sin ningún impulso compulsivo o directivo, es del todo una tarea ardua.

El control implica represión, rechazo o exclusión; implica una división entre uno que controla y la cosa controlada; implica conflicto. Cuando uno comprende esto, el control y la opción terminan totalmente. Todo esto parecerá más bien difícil y en contradicción con todo lo que habíamos pensado con anterioridad. Podemos decir: ¿cómo es posible que exista el orden sin control, sin la acción de la voluntad? Pero, como ya hemos dicho, control implica división entre el que controla y lo que va a ser controlado; en esta división hay conflicto y distorsión. Cuando realmente comprendemos esto, entonces termina la división entre el que controla y lo controlado y, por lo tanto, nace la comprensión, la inteligencia. Cuando hay comprensión de lo que realmente es, entonces no hay necesidad de control.

Así pues, hay dos cosas esenciales que tienen que ser completamente comprendidas, si vamos a investigar qué es la meditación: primero, la búsqueda no sirve de nada; segundo, tiene que existir ese orden que nace de la comprensión del desorden originado por el control, con todas las implicaciones de la dualidad y de la contradicción que sobrevienen entre el observador y lo observado.

El orden surge cuando la persona que está irritada y trata de deshacerse de la ira, ve que ella misma es la ira. Sin esa comprensión no es posible que sepamos qué es la meditación. No nos engañemos con todos los libros escritos acerca de la meditación, o con toda la gente que nos dice cómo meditar, o por los grupos que se organizan con el propósito de meditar. Si no hay orden, que es virtud, la mente tiene que vivir en medio del esfuerzo de la contradicción. ¿Cómo puede una mente así darse cuenta de todo lo que implica la meditación?

Tenemos que llegar, con todo nuestro ser, a esta cosa extraña que llamamos amor y, como consecuencia, a estar sin miedo. Nos referimos al amor que no está mancillado por el placer, por el deseo, por los celos; el amor que no conoce la competencia, que no divide como, por ejemplo, mi amor y tu amor. Entonces la mente –incluyendo el cerebro y las emociones– está en completa armonía, y así tiene que ser, pues de lo contrario la meditación se convierte en autohipnosis.

Hemos de trabajar muy duro para averiguar las actividades de nuestra propia mente, cómo funciona con sus actividades egocéntricas, el "yo" y el "no yo"; tenemos que estar completamente familiarizados con nosotros mismos y con todas las tretas que la mente se juega a sí misma, las ilusiones y las decepciones, las fantasías y las figuraciones de todas las ideas románticas que poseemos. Una mente que puede caer en el sentimentalismo es incapaz de amar; el sentimentalismo engendra brutalidad, crueldad y violencia, no amor.

Lograr que esto arraigue profundamente en uno mismo es harto difícil; requiere una disciplina tremenda: el aprender observando lo que ocurre en uno mismo. Esa observación no es posible si existe alguna forma de prejuicio, de conclusiones o de creencias, de acuerdo con las cuales uno observa. Si uno observa conforme a lo que algún psicólogo ha dicho, no está observándose realmente y, por lo tanto, no hay conocimiento de uno mismo.

Necesitamos una mente capaz de estar completamente sola, que no lleve la carga de la propaganda o de las experiencias de otros. La iluminación no se obtiene mediante un líder o mediante un maestro; emana de la comprensión de "lo que es" en uno mismo, no huyendo de uno. La mente tiene que comprender en realidad lo que está ocurriendo en su propio campo psicológico; tiene que ser consciente de lo que está ocurriendo sin distorsión, sin opción alguna, sin resentimiento, amargura, explicación o justificación; sólo es necesario que se dé cuenta.

Este principio fundamental se establece con alegría; no de forma compulsiva, sino con naturalidad, felizmente, sin esperanza alguna de alcanzar algo. Si tenemos esperanzas, estamos huyendo de la desesperación; debemos comprender la desesperación sin buscar esperanzas. En la comprensión de "lo que es" no hay desesperación ni esperanza.

¿Se está con esto pidiéndole demasiado a la mente humana? A menos que uno inquiera sobre aquello que parezca imposible, cae en la trampa, en la limitación de lo que cree que es posible. Es muy fácil caer en esta trampa. Uno tiene que exigir lo máximo de la mente y del corazón, pues de lo contrario, se quedará en la conveniencia y la comodidad de lo posible.

¿Estamos de acuerdo hasta aquí? Es muy probable que lo estemos verbalmente; pero la palabra no es la cosa; lo que hemos hecho es describir, y la descripción no es lo descrito. Si ustedes están haciendo un viaje juntos con el que les habla, lo están haciendo realmente, no teóricamente, no como una idea, sino como algo que ustedes mismos están observando de hecho, no algo que están experimentando. Hay una diferencia entre la observación y la experiencia.

Hay una enorme diferencia entre la observación y la experiencia. En la observación no hay "observador" alguno, existe únicamente el observar; no existe el que observa y que está apartado de la cosa observada. La observación es completamente distinta de la exploración, en la cual participa el análisis. En el análisis hay siempre un "analizador" y la cosa que va a ser analizada. En la exploración hay siempre una entidad que explora. En la observación hay un aprender continuo, no una continua acumulación. Espero que vean la diferencia. Ese aprender es diferente del aprendizaje con propósito de acumular, de manera que desde esa acumulación pensamos y actuamos. Una investigación puede ser lógica, sana y racional, pero observar sin el "observador" es completamente distinto.

Luego viene la cuestión de la experiencia. ¿Por qué deseamos experiencia? ¿Han pensado ustedes alguna vez en esto? Tenemos experiencias todo el tiempo, que reconocemos o ignoramos. Deseamos experiencias más profundas, más amplias –místicas, profundas, trascendentales, divinas, o espirituales–, ¿por qué? ¿No será porque nuestra vida es tan vulgar, tan desdichada, tan pequeña e insignificante? Uno desea olvidar todo eso y trasladarse a otra dimensión totalmente diferente. ¿Cómo puede una mente insignificante, preocupada, temerosa, ocupada con un problema detrás de otro, experimentar otra cosa que no sea su propia proyección y actividad? Este exigir mayor experiencia es escapar de lo que realmente es; pero sólo mediante esa realidad puede advenir la cosa más misteriosa de la vida. En la experiencia está involucrado el proceso de reconocimiento. El reconocer algo significa que ya lo hemos conocido. La experiencia proviene generalmente del pasado, y no existe nada nuevo en ella. De manera que existe una diferencia entre la observación y el deseo vehemente de experiencia.

Si está claro todo esto, que es tan extraordinariamente sutil, y que requiere gran atención interna, entonces podemos considerar nuestra pregunta original: ¿qué es la meditación? Se ha hablado mucho de la meditación; se han escrito numerosos volúmenes al respecto, y hay grandes "yoguis" (no sé si son grandes) que vienen y nos enseñan cómo meditar. Toda Asia habla acerca de la meditación; es uno de sus hábitos, de la misma manera que es un hábito creer en Dios o en alguna otra cosa. Se sientan durante diez minutos al día en un cuarto silencioso y "meditan", se concentran, fijan sus mentes en una imagen creada por ellos mismos, o por alguna otra persona que ha presentado esa imagen a través de la propaganda. Durante esos diez minutos tratan de controlar la mente; continúan batallando en un juego eterno con ella, que desea moverse de un lado para otro; y eso es lo que ellos llaman meditación.

Si uno no sabe nada sobre la meditación, entonces tiene que averiguar qué es realmente –no de acuerdo con alguien–, y eso puede conducirle a nada, o a todo. Uno tiene que investigar, formular la pregunta, sin esperar nada.

Para observar la mente –esta mente que parlotea, que proyecta ideas, que vive en contradicción, en conflicto y comparación constantes– tengo que estar obviamente muy sereno. Si he de escuchar lo que usted dice, tengo que prestar atención, no puedo estar conversando, no puedo estar pensando en alguna otra cosa, no debo comparar lo que usted dice con lo que ya sé, sino escucharlo a fondo; la mente tiene que estar atenta, silenciosa, en calma.

Es necesario que veamos con claridad toda la estructura de la violencia; observando la violencia, la mente se queda completamente en silencio; no tenemos que "cultivar" una mente silenciosa. Cultivar una mente silenciosa implica que el que la cultiva espera realizar algo en el tiempo. Vean la dificultad. Aquellos que tratan de enseñar la meditación dicen: «Controle su mente, haga que su mente esté completamente en silencio». Usted trata de controlarla y batalla con ella eternamente; emplea cuarenta años controlándola. La mente que observa no controla, ni lucha interminablemente.

El propio acto de ver o de escuchar es atención; eso no tenemos que practicarlo de ninguna manera; si practicamos, de inmediato nos volvemos inatentos. Usted está atento y la mente divaga; déjela divagar, pero sepa que está desatenta; el ser consciente de esa inatención es atención. No batalle con la inatención; no diga: «Tengo que estar atento»; sería pueril. Sepa que está inatento; sea consciente, sin elección, de que no está atento –¿qué importa?–, y en ese momento, en esa inatención, cuando hay acción, dese cuenta de esa acción. ¿Comprende esto? ¡Es tan sencillo! Si lo hace llega a ser tan claro, tan claro como el agua.

El silencio de la mente es belleza en sí mismo. Escuchar un pájaro, la voz de un ser humano, al político, al sacerdote, todo el ruido de la propaganda existente, escuchar en completo silencio, significa oír mucho más, ver mucho más. Ese silencio no es posible si nuestro cuerpo no está completamente en calma. El organismo tiene que estar completamente en calma, libre de todas sus reacciones nerviosas –de la agitación, del movimiento incesante de los dedos y los ojos–, de todo su desasosiego general. ¿Han tratado ustedes alguna vez de sentarse completamente en calma, sin un solo movimiento del cuerpo, incluidos los ojos? Háganlo durante dos minutos. En esos dos minutos todo se revela… si saben cómo observar.

Cuando el cuerpo está en calma, la sangre fluye en mayor cantidad a la cabeza. Pero si nos sentamos agachados y de forma descuidada, entonces le resulta más difícil a la sangre llegar a la cabeza. Tenemos que saber todo esto. Por otro lado, podemos hacer cualquier cosa y meditar; cuando vamos en el autobús o cuando conducimos un vehículo. Es de lo más extraordinario poder meditar mientras se conduce; les aseguro que eso es así. El cuerpo posee su propia inteligencia, pero el pensamiento la ha destruido. El pensamiento busca el placer; por eso nos impulsa a la gratificación, al exceso en el comer o en lo sexual; obliga al cuerpo a hacer ciertas cosas: si es perezoso, lo fuerza a no serlo, o sugiere que tomemos una pastilla para mantenernos despiertos. Así, la inteligencia innata del organismo se destruye y se torna insensible. Uno necesita gran sensibilidad, de manera que ha de observar lo que come; uno sabe lo que ocurre si come en exceso. Cuando hay gran sensibilidad hay inteligencia y, por lo tanto, amor; entonces el amor es júbilo, es un gozo intemporal.

La mayoría de nosotros padecemos dolores físicos de una u otra forma. Ese dolor por lo general perturba la mente, que dedica días e incluso años a pensar en él: «Desearía no haberlo tenido»; «¿Me libraré de él alguna vez?». Cuando el cuerpo tenga dolor, vigílelo, obsérvelo y no deje que el pensamiento interfiera con él.

La mente, incluyendo el cerebro y el corazón, deben estar en total armonía. Ahora bien, ¿cuál es el propósito de todo esto? Esta clase de vida, esta clase de armonía, ¿qué ventaja tiene para el mundo, donde hay tanto sufrimiento? Si una o dos personas disfrutan de esta vida de éxtasis, ¿de qué sirve eso? ¿De qué sirve el formular esta pregunta? De nada en absoluto. Si esta cosa extraordinaria está funcionando en nuestra vida, entonces eso es todo; entonces nos convertimos en el maestro, en el discípulo, en el vecino, en la belleza de la nube; entonces somos todo eso, y eso es amor.

También hay otro factor en la meditación: la mente que está en vela. La mente que funciona durante el día en las especialidades en que se ha adiestrado, la mente consciente con todas sus actividades cotidianas, continúa en esas actividades mientras dormimos, en forma de sueño. En los sueños continúa la acción, de una clase o de otra, los sucesos, de manera que el sueño es una continuación de las horas de vigilia. Y hay mucha charlatanería misteriosa sobre los sueños –que necesitan ser interpretados, y por eso hay tantos profesionales para interpretarlos–, sueños que podemos observar nosotros mismos muy sencillamente, si observamos nuestra vida durante el día. Sin embargo, ¿hay necesidad alguna de soñar? (A pesar de que los psicólogos dicen que tenemos que soñar porque, de lo contrario, nos volveríamos locos.) Pero cuando hemos observado muy de cerca las horas de vigilia, todas nuestras actividades egocéntricas, las que nacen del temor, de la ansiedad, de la culpabilidad; cuando estamos atentos a eso durante todo el día, entonces vemos que no soñamos mientras dormimos. La mente ha estado observando el pensamiento en todo momento, atenta a cada una de sus palabras; si lo hacemos así, veremos su importancia –no el fastidio de vigilar, sino la importancia de observar–; entonces veremos que también hay atención durante el sueño. Así pues, la meditación, esa cosa de la cual hemos hablado durante una hora, se torna extraordinariamente importante y provechosa, plena de dignidad, gracia y valor. Cuando comprendemos qué es la atención, no sólo durante las horas de vigilia, sino también durante el sueño, entonces toda la mente está completamente despierta. Más allá de eso, ninguna forma de descripción es lo descrito; no hablamos de ello. Todo lo que uno puede hacer es señalar hacia la puerta, y si usted está dispuesto a ir, a emprender el camino hasta esa puerta, entonces dependerá de usted traspasarla; nadie puede describir lo que es innombrable, ya sea eso todo o nada; no importa. Cualquiera que lo describa, no sabe. Y el que dice que sabe, no sabe.

INTERLOCUTOR: *¿Qué es el silencio? ¿Es la terminación del ruido?*

KRISHNAMURTI: El sonido es una cosa rara. No sé si usted ha escuchado el sonido alguna vez; no los sonidos que le gustan o no le gustan, sino sencillamente escuchar un sonido. El sonido en el espacio tiene un efecto extraordinario. ¿Ha escuchado alguna vez un avión a reacción pasándole por encima? ¿Lo ha hecho, escuchando su sonido atronador sin resistencia alguna? ¿Ha escuchado y se ha movido usted con ese sonido? Tiene cierta resonancia.

¿Qué es el silencio? ¿Es el "espacio" que uno produce, controlando o suprimiendo el ruido y que llama silencio? El cerebro está siempre activo, respondiendo a los estímulos con su propio ruido. ¿Qué es el silencio, pues? ¿Comprende la pregunta ahora? ¿Es silencio la ausencia del ruido que nosotros mismos hemos creado? ¿Es la ausencia del parloteo, de la verbalización, de todo pensamiento? Aun cuando no haya verbalización y aparentemente el pensamiento haya cesado, todavía la mente continúa funcionando. ¿No es, por lo tanto, el silencio, no sólo la terminación del ruido, sino el cese total de todo movimiento? Obsérvenlo, investíguenlo, vean cómo la mente, que es el resultado de millones de años de condicionamiento, está respondiendo al instante a todo estímulo; vean si esas células cerebrales, incesantemente activas, parloteando, respondiendo, pueden estar en calma.

¿Puede estar completamente en calma la mente, el cerebro, todo el organismo, todo lo psicosomático? No forzada, ni obligada, ni empujada, ni que por codicia, diga: «Tengo que estar en calma para tener la más maravillosa experiencia». Investiguen, averigüen y vean si su silencio es un mero resultado, o quizás se debe a que han establecido la base para él. Si no han establecido la base para él, que es amor, que es virtud, que es bondad, que es belleza, que es verdadera compasión en lo más profundo de todo el ser, si no han hecho eso, su silencio es únicamente la terminación del ruido.

Además existe el problema de las drogas. En la India, en la antigüedad, había una sustancia llamada "soma"; era una especie de hongo del cual se tomaba el jugo, que producía tranquilidad o toda clase de experiencias alucinantes, que eran resultado del condicionamiento. (Todas las experiencias son el resultado del condicionamiento; si creemos en Dios es obvio que tendremos la experiencia de Dios; pero esa creencia estará basada en el miedo y en toda la agonía del conflicto; nuestro dios será el resultado de nuestro propio miedo. De manera que la experiencia más maravillosa que tengamos con Dios no será otra cosa que nuestra propia proyección.) Pero ellos perdieron el secreto de ese hongo, de esa cosa especial llamada soma. Desde entonces, en la India, al igual que aquí, hay varias drogas, como el *hashish,* LSD, marihuana, ya saben que hay una buena cantidad de ellas, sin olvidar el tabaco, el alcohol, la heroína. Asimismo existe el ayuno. Si ayunamos, se desencadenan determinadas acciones químicas que producen cierta claridad, y en eso hay complacencia.

Si uno puede vivir una magnífica vida sin drogas, ¿por qué tomarlas? Pero aquellos que las han usado, nos dicen que ocurren ciertos cambios; hay cierta vitalidad, se produce una energía que hace desaparecer el espacio entre el observador y lo observado; las cosas se ven con mayor claridad. Un aficionado a las drogas dice que las toma cuando va a un museo, porque entonces ve los colores más brillantes que cuando no se droga. Pero podemos ver esos colores con esa brillantez sin la droga cuando prestamos completa atención, cuando observamos sin el espacio entre el observador y lo observado. Cuando tomamos drogas dependemos de ellas, y tarde o temprano provocan toda clase de efectos desastrosos.

De manera que disponemos del ayuno y las drogas, que esperamos satisfarán nuestro deseo de grandes experiencias, y que nos van a proporcionar todo lo que deseamos. Pero lo que se desea es una cosa llamativa, una experiencia insignificante y pequeña que exageramos hasta convertirla en algo extraordinario. Por eso, un hombre sabio, un hombre que ha observado todo esto, rechaza los estimulantes; se observa a sí mismo y se conoce a sí mismo. El conocerse a sí mismo es el comienzo de la sabiduría y la terminación del sufrimiento.

I.: *En la relación correcta, ¿ayudamos realmente a otros? ¿Basta con amarlos?*

K.: ¿Qué es la relación? ¿Qué entendemos por relación? ¿Estamos relacionados con alguien, salvo por consanguinidad? ¿Qué significado le damos a esa palabra "relación"? ¿Estamos relacionados de alguna manera con algo cuando cada uno de nosotros vive una vida de aislamiento –aislamiento en el sentido de actividad egocéntrica–, cada uno con sus propios problemas, sus propios temores, sus propias desesperanzas, su deseo de realización, todo ello de naturaleza aisladora? Si él se considera estar relacionado con su esposa, añade más imágenes. Son esas imágenes las que tienen relación, y a esa relación se le llama "amor". La relación existe únicamente cuando termina la imagen, el proceso aislador, cuando usted no tiene ambición alguna respecto a ella y ella tampoco tiene ambición respecto a usted, cuando ella no lo posee a usted o usted no la posee a ella, o cuando usted no depende de ella ni ella de usted.

Cuando hay amor, no preguntamos si el amor ayuda o no ayuda. Una flor al borde del camino, con su belleza, su perfume, no le pide a uno que pasa cerca de ella que se acerque y aspire su fragancia, que la mire, que la disfrute, que vea su belleza, su delicadeza, su naturaleza perecedera: está ahí para que la mire o no la mire. Pero si uno dice: «deseo ayudar a otro», ahí está el comienzo del temor, el comienzo del mal.

San Diego State College
9 de abril de 1970

PARTE III

8. CONTROL Y ORDEN

«EL PROCESO mismo de control engendra desorden; al igual que lo opuesto –la falta de control– también engendra desorden.»

En el mundo están ocurriendo tantas cosas aterradoras: hay tanta confusión, violencia y brutalidad. ¿Qué puede uno hacer, como ser humano, en un mundo hecho pedazos, en un mundo donde existe tanta desesperanza y sufrimiento? Y en uno mismo hay también confusión y conflicto. ¿Cuál es la relación de un ser humano con esta sociedad corrupta donde el mismo individuo es corrupto? ¿En qué forma de vida puede uno encontrar alguna clase de paz, alguna clase de orden y, sin embargo, vivir en esta sociedad corrupta, que se desintegra? Estoy seguro de que ustedes mismos tienen que haberse planteado esta pregunta, y si alguien ha encontrado la respuesta correcta, lo cual es extremadamente difícil, quizá pueda lograr alguna clase de orden en su propia vida.

¿Qué valor tiene un individuo que vive una vida ordenada, sana, completa, equilibrada, en un mundo que se está destruyendo a sí mismo, un mundo que está constantemente amenazado por guerras? ¿Qué valor tiene la transformación individual? ¿Cómo afectará esto a la existencia humana? Estoy seguro de que ustedes se han formulado estas preguntas. Pero creo que son preguntas erróneas, porque uno vive y actúa correctamente, no para beneficio de alguna otra persona, ni por el beneficio de la sociedad. Me parece, pues, que uno tiene que averiguar qué es el orden, para no depender de la circunstancia, de una cultura particular –económica, social o de otra índole–, porque si uno no descubre por sí mismo qué es el orden y la manera de vivir sin conflicto, arruina su vida; ésta no tiene sentido. Tal como vivimos ahora, en constante afán y conflicto, la vida tiene muy poco sentido, realmente no tiene en absoluto significado alguno. Tener algún dinero, ir a la oficina, estar condicionado, repetir lo que otro dice, dar opiniones muy firmes y obstinadas y mantener creencias dogmáticas, toda esa actividad tiene muy poco significado. Y como no tiene significado, todos los intelectuales del mundo tratan de darle algún sentido. Si son religiosos, le dan un giro determinado; si son materialistas le dan otro, con alguna teoría o filosofía particular.

De modo, pues, que parece muy importante, no sólo ahora, sino en todo momento, si somos del todo serios, que encontremos una manera de vivir, no en teoría, sino de hecho en la vida diaria; una manera de vivir sin ningún tipo de conflicto en todos los niveles de nuestro ser. Para encontrar eso tenemos que ser serios. Estas reuniones no son un entretenimiento filosófico religioso. Estamos aquí –si somos serios, y espero que lo seamos– para encontrar juntos una manera de vivir que no esté de acuerdo con alguna fórmula, teoría, principio o creencia en particular. El comunicarse implica participar juntos, crear juntos, trabajar juntos, y no tan sólo escuchar muchas palabras e ideas, pues no estamos ocupándonos de ideas en absoluto. Por lo tanto, tiene que quedar muy claro, desde el comienzo, que estamos dedicando muy en serio nuestra mente y corazón a averiguar si el hombre –si usted– puede vivir en completa paz, terminando todo conflicto en todas las relaciones.

A fin de averiguarlo, uno tiene que observarse a sí mismo, no de acuerdo con alguna filosofía particular, o con algún sistema determinado de pensamiento, o desde algún punto de vista religioso en especial. Creo que uno tiene que descartar todo eso por completo, de manera que la mente esté libre para observarse a sí misma en relación con la sociedad, en relación con nosotros mismos, con nuestros familiares, con nuestro vecino; porque sólo entonces, en la observación de lo que realmente está ocurriendo, existe una posibilidad de ir más allá. Espero que eso sea lo que hagamos durante estas charlas.

No estamos profesando una teoría nueva, una nueva filosofía, ni trayendo una revelación religiosa. No existe maestro, ni salvador ni preceptor ni autoridad –esto es lo que quiero decir–, porque si vamos a participar en lo que se está diciendo, también tenemos que deshacernos totalmente de todo punto de vista autoritario o jerárquico; la mente tiene que estar libre para observar. Y no es posible que pueda observar si estamos siguiendo algún sistema, alguna guía, algún principio, o si estamos atados a alguna forma de creencia. La mente debe ser capaz de observar. Ésa va a ser nuestra dificultad, porque para la mayoría de nosotros el conocimiento se ha convertido en un peso muerto, una piedra pesada alrededor de nuestro cuello; se ha convertido en nuestro hábito, en nuestro condicionamiento. La mente que es seria debe estar libre para observar; debe estar libre de esa carga muerta que es el conocimiento, la experiencia, la tradición, que es memoria acumulada, el pasado.

Por lo tanto, para observar realmente "lo que es", para ver la significación total de "lo que es", la mente debe estar fresca, lúcida, indivisa, y va a constituir otro problema cómo observar sin esta división: el "yo", y "no yo", y "nosotros" y "ellos".

Como ya dijimos, usted está observándose a sí mismo, observándose a través de las palabras del que le habla. Por tanto, el problema es cómo va usted a observar. No sé siquiera si ha pensado usted en esto alguna vez, ¿Cómo mira? ¿Cómo escucha? ¿Cómo observa? No sólo a usted mismo, sino el cielo, los árboles, los pájaros, al vecino, al político. ¿Cómo escucha y observa a otro, cómo se observa a sí mismo? La clave de esta observación consiste en ver las cosas sin división. ¿Puede ocurrir eso? Toda nuestra existencia está fragmentada. Estamos divididos en nosotros mismos, somos contradictorios. Vivimos en fragmentación, eso es un hecho real. Un fragmento de esos muchos fragmentos piensa que tiene la capacidad para observar. A pesar de que mediante muchas asociaciones ha asumido autoridad, todavía es un fragmento de los muchos fragmentos. Y ese fragmento observa y dice: «Yo comprendo; sé lo que es la acción correcta».

Como somos seres fragmentados, divididos, contradictorios, hay contradicción entre los varios fragmentos. Usted sabe que esto es un hecho si lo ha observado. Y llegamos a la conclusión de que no podemos hacer nada al respecto, que nada puede ser cambiado. ¿Cómo puede integrarse esa fragmentación? Nos damos cuenta de que para vivir una vida armoniosa, ordenada, sana y saludable, esa fragmentación, esa división entre el "usted" y el "yo", tiene que terminar. Pero hemos llegado a la conclusión de que eso no es posible: ése es el peso muerto de "lo que es". De manera que nos inventamos teorías, esperamos la "gracia" de algo divino –no importa cómo lo llamemos– para que venga y milagrosamente nos libere. Por desgracia eso no ocurre. Entonces vivimos en una ilusión, inventamos el mito del yo superior, el "Atman", y esto ofrece un escape.

Se nos persuade fácilmente a escapar, pues no sabemos cómo hacer una totalidad de esa fragmentación. No estamos hablando de integración, porque eso implica que alguien lleva a cabo la integración, o sea, un fragmento junto a los demás

fragmentos. Espero que vean la dificultad de esto, pues estamos divididos en muchos fragmentos conscientes o inconscientes, y tratamos de integrarlos de muchas maneras. Una de
las costumbres en boga es que un analista lo haga por usted; o
usted se analice a sí mismo. Por favor, presten mucha atención:
existe el analizador y lo que va a ser analizado. Nunca hemos
investigado quién es el analizador. Obviamente, él es uno de
los muchos fragmentos y procede a analizar toda la estructura
de sí mismo. Pero el mismo analizador, como es un fragmento, está condicionado. Cuando él analiza hay varias cosas involucradas. En primer lugar, todo análisis tiene que ser completo, o, de lo contrario, se convierte en la piedra alrededor del
cuello del analizador cuando éste comienza a analizar el próxi-
mo incidente, la nueva reacción. De manera que el resultado
del análisis previo aumenta la dificultad. Y el análisis también
implica tiempo; hay tantas reacciones, asociaciones y memo-
rias que han de ser analizadas que al hacerlo consume toda
su vida. Cuando uno llega a analizarse a sí mismo completamente –si es ello posible alguna vez– está listo para la tumba.

Uno de nuestros condicionamientos es la idea de que debemos analizarnos a nosotros mismos, observarnos a nosotros mismos introspectivamente. En este análisis existe siempre el censor, el que controla, guía, modela; y existe siempre
el conflicto entre el analizador y lo que va a ser analizado.
Por lo tanto, tenemos que ver eso; no como una teoría, no
como algo que hemos acumulado en calidad de conocimiento. El conocimiento es excelente en su función específica,
pero no cuando tratamos de comprender la estructura total de
nuestro ser. Si usamos el conocimiento a través de la asociación, la acumulación, y el análisis como medio de compren-
dernos, entonces hemos dejado de aprender sobre nosotros
mismos. Si queremos aprender tiene que haber libertad para
observar sin el censor.

Podemos ver esto mientras ocurre en nosotros mismos, realmente, como "lo que es", noche y día, interminablemente. Y al ver la verdad de ello –la verdad, no una opinión– la futilidad, la maldad, el desperdicio de energía y de tiempo, entonces todo el proceso de análisis termina. Confío en que estén haciendo esto mientras escuchan lo que se dice. Porque mediante el análisis existe la continuación de la cadena interminable de asociación de ideas; de ahí que uno se diga a sí mismo: «Nunca podré cambiar; este conflicto, esta desdicha, esta confusión es inevitable; así es la vida». De manera que uno se torna mecánico, violento, brutal y estúpido. Cuando observa esto realmente como un hecho, ve que es la verdad, y uno puede ver esa verdad sólo cuando ve lo que está ocurriendo realmente, "lo que es". No lo condene, no lo racionalice, limítese a observarlo. Pero sólo puede observar cuando en la observación no existe ningún proceso de asociación.

Mientras exista el analizador tendrá que existir el censor, el que crea el problema del control. No sé si ustedes se han dado cuenta alguna vez de que desde el momento en que nacemos hasta que morimos, siempre estamos controlándonos a nosotros mismos: "tengo que", "no tengo que", "debería ser", "no debería ser". El control implica conformismo, imitación, seguir un patrón determinado, un ideal, y, con el tiempo, alcanzar eso tan horrible que llaman respetabilidad. ¿Por qué tiene uno que controlarse? Lo que no significa que uno haya de perder todo control. Uno tiene que comprender lo que el control implica. El proceso mismo de control engendra desorden; al igual que lo opuesto –ausencia de control– también engendra desorden.

Uno tiene que explorar, comprender, observar lo que está implícito en el control, y ver que es la verdad; entonces uno vive una vida de orden, en la que no existe control de ninguna clase. El desorden lo genera la contradicción creada por el censor, el analizador, la entidad que se ha separado a sí misma de los otros diversos fragmentos y que está tratando de imponer lo que considera correcto.

De modo que uno debe comprender esa forma particular de condicionamiento, que es: que todos estamos limitados y modelados por el control. No sé si usted se ha preguntado a sí mismo por qué tiene que controlar algo. Usted controla, ¿no es verdad? ¿Por qué? ¿Qué le impulsa a controlar? ¿Cuál es la raíz de esa imitación, de ese conformismo? Es obvio que uno de los factores es nuestro condicionamiento, nuestra cultura, nuestras convenciones religiosas y sociales, como: «tiene que hacer esto», y «no haga eso». En ese control existe siempre la voluntad, que es una forma de deseo urgente que controla, que modela, que dirige. Observe esto, por favor, según escucha; obsérvelo realmente y verá que lo que ocurre es algo muy distinto. Nos controlamos a nosotros mismos, nuestros temperamentos, nuestros deseos, nuestros apetitos, porque hacerlo nos proporciona seguridad. Hay gran seguridad en el control, con toda su represión y sus contradicciones, con todas sus luchas y conflictos; hay cierto sentido de seguridad y también nos da la certeza de que jamás fracasaremos.

Donde existe la división entre la persona que controla y lo que se controla, no hay bondad. La bondad no está en la separación. La virtud es un estado mental en el que no hay separación y, por lo tanto, no hay control que implique división. El control implica represión, contradicción, esfuerzo, exigencia de seguridad; todo ello en nombre de la bondad, de la belleza, de la virtud; pero eso es la negación de la virtud y es, por lo tanto, desorden.

¿Es posible, pues, observar sin división, sin el observador en oposición a lo observado, sin el conocimiento que el observador ha adquirido, y que lo separa cuando observa?

Porque el observador es el enemigo de lo bueno, aunque desee orden, aunque trate de llevar a cabo la conducta correcta y de vivir pacíficamente. El observador, que se separa a sí mismo de lo observado, es la verdadera causa de todo lo que no es bueno. ¿Ve usted todo esto? ¿O está divirtiéndose a la ligera en esta tarde de sábado? ¿Sabe lo que significa todo esto? Que la mente no vuelve a analizar, sino que está realmente observando, viendo directamente y, por lo tanto, actuando directamente. Significa que es una mente donde no hay división ninguna; es una mente total y completa; lo que quiere decir que es una mente sana. El neurótico es el que tiene que controlar; y cuando llega al punto en que se ha controlado totalmente a sí mismo, está completamente neurótico, de manera que no puede moverse, pues no es libre.

¡Vea la verdad! La verdad no es "lo que es"; "lo que es" es la división, el negro y el blanco, el árabe y el judío, toda la confusión que se da en este mundo horroroso. Como la mente se ha dividido a sí misma, no es una mente completa, sana, saludable, sagrada. Y por esa división en la mente misma, existe tanta corrupción, tanto desorden, tanta violencia y brutalidad. De manera que la pregunta es: ¿puede la mente observar sin división, cuando el observador es lo observado? Observar un árbol, una nube, la belleza de una primavera encantadora, observarse uno mismo, sin la carga del pensamiento; observarse uno mismo y aprender en el momento de la observación, sin acumular conocimiento, de modo que la mente esté siempre para observar. Sólo aprende la mente joven, no la mente que está atiborrada de conocimientos. Y aprender significa observarse uno mismo sin división, sin análisis, sin el censor, dividiendo lo bueno de lo malo, lo "que debe ser" de "lo que no debe ser". Ésta es una de las cosas más importantes, porque si observamos así, la mente descubrirá que todo el conflicto termina. En eso hay bondad total. Sólo una mente de esa clase puede actuar correctamente, y en ello hay gran júbilo, no el júbilo estimulado por el placer.

No estoy seguro de si se sentirán ustedes interesados en formular preguntas. Debemos cuestionarlo todo, incluyendo las creencias preferidas, los ideales, las autoridades, las Escrituras, los políticos. Esto significa que tiene que haber cierto carácter de escepticismo. Pero el escepticismo ha de mantenerse sujeto, y soltarlo sólo cuando sea necesario, de manera que la mente pueda ver libremente, correr rápidamente. Cuando pregunten, debe tratarse de su propio y particular problema, no de una pregunta a la ligera, superficial, que les divierta; debe ser algo de ustedes mismos. Si es así, entonces formularán la pregunta correcta. Y si se trata de la pregunta correcta, recibirán la contestación correcta, porque el mismo hecho de formular la pregunta correcta les muestra la respuesta en sí misma. De manera que —si se me permite decirlo— uno tiene que formular la pregunta correcta. Entonces, al hacerlo así, ambos podremos tomar parte, participar juntos en el problema. Su problema no es distinto de los problemas de otras personas. Todos los problemas están relacionados entre sí, y si podemos comprender un problema en su totalidad, habremos comprendido todos los demás problemas. Es muy importante, por lo tanto, plantear la pregunta correcta. Pero aun si fuera una pregunta errónea, averiguarán que al formular la pregunta incorrecta también sabrán cuándo formular la correcta. Tienen que hacer ambas cosas: entonces llegarán a hacer siempre la pregunta fundamental, real, verdadera.

INTERLOCUTOR: *¿Cuál es la razón o propósito fundamental de la existencia humana?*

KRISHNAMURTI: ¿Sabe usted de propósito alguno? Nuestra manera de vivir no tiene significado ni propósito alguno.

Podemos inventarnos un propósito, el propósito de la perfección, de la iluminación, de alcanzar la más elevada forma de sensibilidad; podemos inventar interminables teorías. Pero quedaremos atrapados en esas teorías, las cuales convertimos en nuestros problemas. Nuestra vida cotidiana no tiene sentido, ningún propósito, excepto hacer un poco de dinero y vivir de manera tonta. Uno puede observar todo eso, no en teoría, sino realmente en uno mismo; la interminable lucha interna, buscando un propósito, buscando iluminación, yendo por todo el mundo –especialmente a la India y al Japón– para aprender la técnica de la meditación. Podemos inventar mil propósitos, pero no hay necesidad de ir a sitio alguno, ni al Himalaya, o a un monasterio, o a algún retiro (*ashram*) –que es otra clase de campo de concentración– porque todo está dentro de nosotros. Lo más elevado, lo inconmensurable, está en nosotros si sabemos mirar. Pero no demos por sentado que eso es así. Esa es una de las trampas sin sentido que nos tendemos a nosotros mismos: somos Dios, somos lo "perfecto", y todas esas cosas tan infantiles. Sin embargo, por medio de la ilusión, de "lo que es", de lo conmensurable, encontramos algo que es inconmensurable, pero tenemos que comenzar con nosotros mismos, que es donde podremos descubrir cómo observar, esto es, observar sin el observador.

I.: *¿Podría usted hacer el favor de definir, en el contexto de lo que usted hablaba, el control en relación con la restricción?*

K.: Uno tiene que comprender en su totalidad el significado de esa palabra "control", no sólo de acuerdo con el diccionario, sino teniendo en cuenta cómo la mente ha sido condicionada para controlar, es decir, reprimir. Ahí está el censor, el que controla, la división, el conflicto, la restricción, la contención, la inhibición. Cuando uno se da cuenta de todo esto, la mente entonces se torna muy sensible y, por lo tanto, sumamente inteligente. Hemos destruido esa inteligencia, que también está en el cuerpo, en el organismo, la hemos desnaturalizado con nuestros gustos y apetitos placenteros. Asimismo la mente ha sido modelada, controlada, condicionada a través de siglos por la cultura, el miedo, la creencia. Cuando uno se da cuenta de esto, no de forma teórica, sino realmente, cuando uno es consciente de esto, entonces descubre que la sensibilidad responde inteligentemente, si no hay inhibición, control, represión o restricción. Pero uno tiene que comprender la estructura y la naturaleza del control, que ha generado tanto desorden en nosotros mismos, y también la voluntad, que es el centro mismo de la contradicción y, por lo tanto, del control. Mírelo, obsérvelo en su vida y descubrirá todo esto y más. Pero cuando convierte su descubrimiento en conocimiento, en algún peso muerto, entonces está perdido. Porque el conocimiento es la acumulación de asociaciones, una cadena interminable. Y si la mente se ve atrapada en eso, entonces el cambio es imposible.

I.: *¿Puede usted explicarme cómo la mente vence al cuerpo de manera que éste pueda levitar?*

K.: ¿Está usted realmente interesado en eso? No sé por qué desea levitar. Ustedes ya saben, señores, que la mente está siempre buscando algo misterioso, algo oculto, que nadie más puede descubrir excepto nosotros mismos, y eso nos da una tremenda sensación de importancia, de vanidad, de prestigio: nos convertimos en "el místico". Pero existe el misterio real, algo realmente sagrado, cuando comprendemos esta vida, esta existencia, en su totalidad. En esa comprensión hay una gran belleza, una gran júbilo. Hay una cosa tremenda llamada lo inconmensurable. Pero tenemos que comprender lo conmensurable. Y lo inconmensurable no es lo opuesto de lo conmensurable.

Hay fotografías de personas levitando. El que les habla las ha visto y, también, otras cosas sin importancia. Si está realmente interesado en levitar –no sé por qué debe estarlo, pero si lo está–, ha de tener un cuerpo maravilloso y sumamente sensible, no debe ingerir bebidas alcohólicas, ni fumar, ni consumir drogas, ni comer carne. Ha de tener un cuerpo que sea totalmente flexible, saludable, que tenga su propia inteligencia, no la inteligencia que la mente impone sobre el cuerpo. Y si ha pasado por todo eso, puede que entonces averigüe que el levitar no tiene importancia alguna.

Londres
16 de mayo de 1970

9. LA VERDAD

«LA VERDAD no es "lo que es", pero la comprensión de "lo que es" abre la puerta a la verdad.»

Deberíamos hablar acerca de varias cosas, como la educación, el significado de los sueños, y si es posible que la mente sea libre, viviendo en un mundo que se ha tornado tan mecánico e imitativo. Podemos abordar el problema entrando en la cuestión de si la mente puede estar libre de todo conformismo. Tenemos que afrontar la totalidad del problema de la existencia, no una parte de él, o sea, no sólo el aspecto técnico de la vida y la manera de ganar el sustento, sino que tenemos que considerar también todo este problema de cómo transformar la sociedad; si esto es posible por medio de la rebelión, o si existe una clase diferente de revolución interna que forzosamente dé lugar a una sociedad distinta. Creo que debemos hablar de eso, y entonces llegar al asunto de la meditación. Porque –si me perdonan por decirlo– no creo que ustedes sepan lo que implica la meditación. La mayoría de nosotros hemos leído sobre ella, o se nos ha dicho qué es y hemos tratado de practicarla. Lo que tengo que decirles sobre la meditación puede que sea muy contrario a todo lo que saben o practican, o a lo que han experimentado. Uno no puede buscar la verdad; por lo tanto, tiene que comprender el significado de buscar. De manera que se trata de una cuestión muy compleja, pues la meditación requiere de una sensibilidad en grado sumo, de un silencio de tal naturaleza que no sea provocado, ni disciplinado ni cultivado. Y eso puede existir, o surgir, sólo cuando comprendemos, psicológicamente, cómo debemos vivir, porque la vida cotidiana, tal y como la vivimos, está en conflicto; es una serie de conformismos, controles, represiones, y también la rebeldía contra todo eso.

Tenemos verdaderamente el problema de cómo vivir una vida sin ningún tipo de violencia, porque sin comprender ésta ni estar libres de ella, de una manera real, la meditación es imposible. Podemos jugar con ella, ir al Himalaya a aprender a respirar y a sentarnos correctamente, a hacer un poco de *yoga* y creer que hemos aprendido a meditar, pero todo eso es más bien infantil. Para llegar a eso tan extraordinario llamado meditación, la mente tiene que estar completamente libre de toda capacidad de violencia. Por lo tanto, podría ser provechoso hablar sobre la violencia y ver si la mente puede en realidad estar libre de ella, sin caer románticamente en alguna clase de aletargamiento que llamaríamos meditación.

Se ha escrito con abundancia sobre las causas de la agresividad del hombre. Los antropólogos dan explicaciones, y cada experto lo presenta a su manera, contradiciendo y ampliando lo que la mayoría de nosotros conocemos racionalmente: que los seres humanos son violentos. Creemos que la violencia es un mero acto físico, ir a la guerra y matar a otros. Hemos aceptado la guerra como un modo de vida, y como la aceptamos así, no hacemos nada al respecto. Casual o devotamente podemos convertirnos en pacifistas en una parte de nuestra propia vida, pero, en lo demás, estamos en conflicto: somos ambiciosos, somos competidores, hacemos esfuerzos tremendos; tales esfuerzos implican conflictos y, por lo tanto, violencia. Cualquier tipo de conformismo, cualquier forma de distorsión –intencional o inconsciente– es violencia. Disciplinarse uno mismo conforme a un patrón, a un ideal, a un principio, es una forma de violencia. Cualquier distorsión sin comprender realmente "lo que es" e ir más allá de ello, constituye una forma de violencia. ¿Hay alguna posibilidad de terminar con la violencia en uno mismo sin ningún conflicto, sin oposición alguna?

Estamos acostumbrados a una sociedad, a una moralidad, que se apoya en la violencia. Todos sabemos esto. Desde la niñez se nos educa para ser violentos, para imitar, para acatar; consciente o inconscientemente. No sabemos cómo evitarlo. Nos decimos a nosotros mismos que eso es imposible, que el hombre tiene que ser violento, pero que la violencia se puede practicar con los guantes puestos, cortésmente, etcétera. Es decir, que tenemos que investigar esta cuestión de la violencia, porque sin comprender la violencia ni el miedo, ¿cómo puede haber amor? ¿Puede la mente, que ha aceptado dar su conformidad a una sociedad, a un principio, a una moralidad que no es moral en absoluto, una mente que ha sido condicionada por las religiones para creer –para aceptar la idea de Dios, o para rechazarla–, puede ella liberarse a sí misma, sin ninguna lucha, sin ninguna resistencia? La violencia engendra más violencia; la resistencia sólo crea otras formas de distorsión.

Sin leer libros o escuchar a profesores o "santos", uno puede observar su propia mente. Al fin y al cabo, ése es el comienzo del conocimiento de sí mismo, no de acuerdo con algún psicólogo o analista, sino por la observación de uno mismo. Podemos ver lo excesivamente condicionada que está nuestra mente: hay racionalismo, diferencias raciales y de clases, etcétera Si nos damos cuenta de ello, llegamos a ser conscientes de este condicionamiento, de esta enorme propaganda en el nombre de Dios, en el nombre del comunismo, o de lo que se quiera, que nos ha moldeado desde la niñez, durante siglos y siglos. Dándose cuenta de ello, ¿puede la mente descondicionarse a sí misma, liberarse ella misma de todo tipo de condicionamiento, y por lo tanto tener libertad?

¿Cómo se ha de hacer esto? ¿Cómo podemos darnos cuenta, sabiendo que la mente está condicionada de manera firme, no sólo superficialmente, sino en lo más profundo? ¿Cómo ha de destruirse este condicionamiento? Si eso no es posible, viviremos eternamente en el conformismo, pues aunque exista un nuevo modelo, una nueva estructura social, o una nueva serie de creencias, nuevos dogmas y nuevas propagandas, sigue siendo conformismo. Y si ha de existir algún tipo de cambio social, tendrá que haber una clase de educación diferente, de modo que los niños no sean educados para adaptarse.

Existe, pues, este problema: ¿cómo va la mente a liberarse a sí misma del condicionamiento? No sé si alguna vez ustedes han tratado de hacerlo, si han penetrado hondamente en ello, no sólo en el nivel consciente, sino en las capas más profundas de la conciencia. ¿Hay realmente una división entre ambos? ¿O se trata de un solo movimiento, en el que sólo somos conscientes del movimiento superficial que se ha educado para ajustarse a las exigencias de una sociedad o cultura particular?

Como decíamos el otro día: no estamos tan sólo escuchando una serie de palabras, porque eso no posee valor en absoluto. Pero al participar en lo que se está diciendo, compartiéndolo, trabajando juntos, averiguarán por ustedes mismos cómo observar ese movimiento total, sin separación, sin división, porque dondequiera que haya cualquier clase de división –racial, intelectual, emocional, o la división de los opuestos, el "yo" y el "no yo", el yo superior y el yo inferior, etcétera–, se generará el conflicto inevitablemente. El conflicto es un desperdicio de energía, y para comprender todo lo que estamos discutiendo, necesitamos una gran cantidad de energía.

Dado que la mente se halla tan condicionada, ¿cómo puede observarse a sí misma, sin la división entre el observador y lo observado? ¿Comprenden ustedes el problema? El espacio entre el observador y lo observado, la distancia, el intervalo de tiempo, todo es una contradicción y la esencia misma de la división. Por lo tanto, cuando el observador se separa a sí mismo de lo observado, no sólo actúa como censor, sino que ocasiona esa dualidad y, en consecuencia, el conflicto.

¿Puede, pues, la mente observarse a sí misma sin la división entre el observador y lo observado? ¿Comprenden el problema? Cuando ustedes observan que son celosos, envidiosos –lo cual es un factor muy común– y se dan cuenta de ello, existe siempre el observador que dice «no debo ser celoso». O el observador da una razón para ser celoso, justificándolo, ¿no es así? Existe el observador y lo observado; el primero observa los celos como algo separado de sí mismo y que él trata de controlar, de desechar; de manera que hay un conflicto entre el observador y lo observado. El observador es uno de los muchos fragmentos de que estamos compuestos.

¿Hemos establecido la comunicación entre nosotros? ¿Comprenden lo que queremos decir con la palabra "comunicación"? Significa compartir juntos, no sólo comprender verbalmente, ni ver intelectualmente la cuestión. No existe la comprensión intelectual de *nada;* especialmente cuando estamos ocupados en grandes y fundamentales problemas humanos.

Así que cuando comprendamos realmente la veracidad de que cualquier clase de división tiene que generar conflicto inevitablemente, veremos que esto es un desperdicio de energía y que, por lo tanto, ocasiona distorsión, y violencia y todo lo que deriva del conflicto. Cuando comprendamos esto realmente –no de manera verbal, sino de hecho–, entonces aprenderemos a observar sin el intervalo de tiempo y sin el espacio entre el observador y lo observado; aprenderemos a observar el condicionamiento, la violencia, la opresión, la brutalidad, las cosas aterradoras que están ocurriendo en el mundo y en nosotros mismos. ¿Están haciéndolo ustedes según hablamos? No digan que sí, porque una de las cosas más difíciles es observar sin el observador, sin el verbalizador, sin la entidad que está atiborrada de conocimiento, que es el pasado, sin ese espacio entre el observador y lo observado. Háganlo –observen un árbol, una nube, la belleza de la primavera, una hoja nueva– y verán que es la cosa más extraordinaria. Pero entonces comprenderán que nunca antes habían visto el árbol; ¡nunca!

Cuando observamos, siempre lo hacemos con una imagen o a través de una imagen. Cuando miramos el árbol o a nuestra esposa, o esposo, lo hacemos con la imagen que tenemos almacenada como conocimiento; una imagen que se ha ido forjando durante veinte, treinta o cuarenta años. De ahí que una imagen observa a otra imagen, y esas imágenes tienen sus propias relaciones, y por lo tanto no hay ninguna verdadera relación. Reconozcan realmente este hecho tan sencillo: que observamos casi todo en la vida con una imagen, con un prejuicio, con una idea preconcebida. Jamás observamos con una mirada nueva; nuestra mente nunca es nueva.

Tenemos, pues, que observarnos a nosotros mismos –que somos parte de la violencia– y la inmensa búsqueda de placer con sus temores, con sus frustraciones, con la agonía de la soledad, la falta de amor, la desesperación. Para observar toda esta estructura de uno mismo sin el observador, para verla cómo es, sin distorsión alguna, sin ningún juicio, condenación o comparación –todos son el movimiento del observador, del "yo" y del "no yo"– se requiere una disciplina en grado sumo. No utilizamos la palabra "disciplina" en el sentido de conformismo o coacción, no se trata de la disciplina impuesta mediante el premio o el castigo. Para observar cualquier cosa –a la esposa, al vecino, o una nube– debemos tener una mente que sea muy sensible; esta misma observación genera su propia disciplina, que es no conformismo. Por lo tanto, la más elevada forma de disciplina es la no disciplina.

Es decir, que el observar lo que llamamos violencia, sin división, sin el observador, el ver el condicionamiento, la estructura de la creencia, las opiniones, los prejuicios, es ver lo que somos; eso es "lo que es". Cuando lo observamos y hay una división, entonces decimos: «Es imposible cambiar». El hombre ha vivido así durante milenios y seguimos viviendo de esa manera. El decir que no es posible le priva a uno de energía. Únicamente cuando vemos lo posible en su máxima expresión, es cuando tenemos abundante energía.

Debemos, pues, observar realmente "lo que es", no la imagen que tenemos de "lo que es", sino lo que realmente somos; sin jamás decir «es feo» o «es bonito». Sólo sabemos lo que somos mediante la comparación. Decimos «soy tonto» en comparación con alguien muy inteligente, muy despierto. ¿Han tratado alguna vez de vivir una vida sin compararse a sí mismos con alguien o con algo? ¿Qué son, entonces, ustedes? Lo que son, entonces, es "lo que es", luego podrán ir más allá y averiguar qué es la verdad. Así pues, toda esta cuestión de liberar la mente del condicionamiento descansa en el modo en que la mente observa.

No sé si alguna vez ustedes habrán investigado la cuestión de qué es el amor, o si lo habrán pensado, o si les habrá interesado. ¿Es placer el amor? ¿Es deseo el amor? ¿Es el amor algo para ser cultivado, algo que la sociedad ha hecho respetable? Si es placer, como aparentemente lo es, de acuerdo con todo lo que hemos observado, no sólo el placer sexual, sino el placer moral, el placer de lograr algo, de tener éxito, el placer de llegar a ser, de ser alguien, todo lo cual implica competencia y conformidad, ¿es eso amor? Un hombre ambicioso, incluso el hombre que dice «tengo que encontrar la verdad», que persigue lo que considera la verdad, ¿puede él saber lo que es el amor?

¿No deberíamos investigar esto inteligentemente? Es decir, viendo lo que no es; llegando a lo positivo por medio de la negación. Rechazando lo que el amor no es. Los celos no son amor; el recuerdo de un placer, sexual o de otra índole, no es amor; el cultivo de la virtud, el constante esfuerzo por tratar de ser noble no es amor. Y cuando decimos, «te amo», ¿qué quiere decir eso? La imagen que tenemos de él o de ella, los placeres sexuales, etcétera, la comodidad, la compañía, nunca estar solos y el temor a estarlo, siempre desear ser amados, desear poseer, ser poseídos, dominar, hacernos sentir, ser agresivos; ¿es todo eso amor? Si vemos lo absurdo que es todo eso, no verbalmente, sino como realmente son todas las tonterías que uno dice sobre el amor –el amor a nuestro país, el amor a Dios– , cuando vemos toda la voluptuosidad que deriva de ello –no estamos condenando el sexo, estamos observándolo–, cuando realmente lo observamos como es, vemos que nuestro amor a Dios es amor que surge del miedo, al igual que es miedo nuestra religión de fin de semana. Y observar eso de una manera total no implica división. Donde no existe división hay bondad, y esta bondad no tenemos que cultivarla. ¿Puede, pues, la mente –la mente que incluye el cerebro, toda su estructura– observar de una manera total lo que ella llama amor, con toda su maldad, con toda su pequeñez y su mediocridad burguesa? Para observar eso tenemos que rechazar todo lo que el amor no es.

Ya saben que existe una gran diferencia entre el gozo y el placer. Podemos cultivar el placer, pensar mucho en él, y disfrutar más de él. Sentimos placer ayer y podemos pen-

sar en él, rumiarlo y desear que se repita mañana. En el placer
existe un motivo en el que hay sentido de posesión, de domi-
nio, conformismo, etcétera. Hay gran placer en el conformismo. Hitler, Mussolini, Stalin, etcétera, obligaron a la gente a
someterse, porque en ello hay gran seguridad y protección.
Por lo tanto, cuando vemos todo eso, cuando nos liberamos
de ello –nunca estamos celosos ni somos dominadores ni do-
minados, de una manera real, no verbal–, cuando la mente ha
erradicado todo eso, entonces sabemos qué es el amor, no tenemos que buscarlo.

Cuando la mente ha comprendido el significado de la palabra "amor", entonces nos decidimos a preguntar: ¿qué es la
muerte? Porque el amor y la muerte van juntos. Si la mente
no sabe cómo morir para el pasado, no sabe lo que es amor.
El amor no pertenece al tiempo, no es una cosa para ser re-
cordada –no podemos recordar el gozo y cultivarlo–; viene
sin ser invitado.

¿Qué es, pues, la muerte? No sé si han observado ustedes la muerte, no a alguien que se está muriendo, sino a usted mismo muriéndose. Una de las cosas más difíciles es no
identificarse con algo. La mayoría de nosotros nos identificamos con nuestros muebles, con nuestra casa, con nuestra esposa o marido, con nuestro gobierno, con nuestro país, con
la imagen que tenemos de nosotros mismos; nos identificamos con algo más grande –lo más grande puede ser una tri-
bu mayor, que es la nación–; o nos identificamos con una
cualidad o imagen en particular. No identificarnos con nuestros muebles, con nuestros conocimientos, con nuestras experiencias, con nuestras técnicas y nuestros conocimientos
técnicos, como científico o ingeniero, el poner término a
toda identificación es una forma de morir. Hágalo alguna vez
y averiguará lo que eso significa: no es amargura, no es desesperanza, no es un sentido de desesperación, sino un senti-

miento extraordinario, una mente que es completamente libre para observar y, por lo tanto, para vivir.

Por desgracia hemos separado la vida de la muerte. De lo que tenemos miedo es de "no vivir", ese "vivir" que llamamos vida. Y cuando realmente examinamos lo que es ese vivir, no teóricamente, sino que lo observamos con nuestros ojos y nuestros oídos, con todo lo que tenemos, vemos lo falso, lo pequeño, trivial, superficial que es. Podemos poseer un Rolls-Royce, una casa grande, un jardín bello, una carrera universitaria, pero interiormente la vida es una batalla interminable, una lucha constante, con contradicciones, deseos opuestos, múltiples necesidades.

Eso es lo que llamamos vivir y a eso nos aferramos. Cualquier cosa que ponga fin a eso lo llamamos muerte, a menos que estemos tremendamente identificados con nuestro cuerpo, si bien el organismo físico termina también. Y teniendo miedo de terminar, sustentamos toda clase de creencias. Todas ellas son escapes, incluyendo la reencarnación. Lo que importa es cómo vivimos ahora, no lo que vamos a ser en la próxima vida. Entonces la pregunta que procede plantearse es si la mente puede vivir totalmente sin el factor tiempo. Tenemos que comprender realmente esta cuestión del pasado: el pasado como ayer, modelando el mañana a través del hoy, partiendo de lo que fue ayer. ¿Puede la mente –que es el resultado del tiempo, de la evolución– estar libre del pasado, que es morir? Sólo una mente que sabe esto puede dar con lo que se llama meditación. Sin comprender todo esto, el tratar de meditar indica simplemente una imaginación infantil.

La verdad no es "lo que es", pero la comprensión de "lo que es" abre la puerta a la verdad. Si no comprendemos realmente "lo que es", lo que somos, con nuestro corazón, con nuestra mente, con nuestro cerebro, con nuestros sentimientos, no podremos comprender qué es la verdad.

INTERLOCUTOR: *Cualquier cosa que le escucho decir a usted en este salón es muy sencilla y fácil de comprender, pero tan pronto salgo afuera estoy perdido, y no sé qué hacer cuando estoy solo.*

KRISHNAMURTI: Mire, señor, lo que ha dicho este que les habla está muy claro. Les está señalando "lo que es", que está en ustedes, no está en este salón, no está en quien les habla; él no está haciendo ninguna propaganda, no desea nada de ustedes, ni su adulación ni sus insultos ni su aplauso. Está en ustedes, su vida, su desdicha, su desesperación; usted tiene que comprender eso, no sólo aquí, porque aquí usted está siendo acorralado, y quizá se está encarando consigo mismo durante unos pocos minutos. Pero cuando abandone este salón, ¡es entonces cuando comienza la fiesta! No estamos tratando de inducirle a actuar, a pensar, a hacer esto o aquello: eso sería propaganda. Pero si ha escuchado con su corazón y con una mente que está alerta –que no ha sido influida– si ha observado, entonces, cuando salga fuera, eso irá con usted adondequiera que esté porque eso es suyo, ya que usted ha comprendido.

I.: *¿Qué papel desempeña el artista?*

K.: ¿Son los artistas diferentes de los demás seres humanos? ¿Por qué dividimos la vida entre el científico, el artista, el ama de casa, el doctor? Puede que el artista sea un poco más sensible, que observe más, que sea un poco más activo, pero tiene también sus problemas como ser humano. Puede pintar cuadros maravillosos, o escribir bellos poemas, o elaborar cosas con las manos, pero sigue siendo un ser humano, ansioso, temeroso, celoso y ambicioso. ¿Cómo puede ser ambicioso un "artista"? Si lo es, ha dejado de ser artista. El violinista o el pianista que utiliza su instrumento para ganar dinero, para ganar prestigio –imagínense eso– no es un músico. ¿Es un científico aquel que trabaja para algún gobierno, para la sociedad, para la guerra? Ese hombre que va tras el conocimiento y la comprensión se ha corrompido al igual que otros seres humanos. Puede que sea maravilloso en su laboratorio, o que pueda expresarse muy bellamente en un lienzo, pero interiormente está atormentado como los demás, y es mezquino, falso, ansioso, miedoso. Seguramente un artista, un ser humano, un individuo es algo total, indivisible, completo. Individuo significa indiviso, pero nosotros no somos individuos, somos seres humanos fragmentados, divididos: el hombre de negocios, el artista, el doctor, el músico. Y, sin embargo, llevamos una vida... pero no tengo que describirla porque ustedes ya la conocen!

I.: *Señor, ¿qué criterio se utiliza al escoger entre varias posibilidades?*

K.: ¿Por qué escogemos? Cuando vemos algo con toda claridad, ¿cuál es la necesidad de escoger? Escuche esto, por favor. Sólo una mente confusa, insegura, sin claridad, es la que escoge. No estoy hablando de escoger entre blanco y negro, sino de escoger psicológicamente. A menos que nos sintamos confusos, ¿por qué tenemos que escoger? Si vemos algo con toda claridad, sin ninguna distorsión, ¿hay alguna necesidad de escoger? No hay alternativas; las alternativas existen cuando tenemos que elegir entre dos caminos físicos; podemos irnos en una dirección o en la otra. Pero las alternativas existen también en una mente que está dividida en sí misma y está confusa; por lo tanto, como está en conflicto, es violenta. Es la mente violenta la que dice que vivirá pacíficamente, y al reaccionar se torna violenta. Cuando vemos con claridad la naturaleza de la violencia en su totalidad, desde su forma más brutal hasta la más sutil de sus manifestaciones, entonces estamos libres de ella.

I.: *¿Cuándo será posible que veamos todo eso?*

K.: ¿Ha observado usted un árbol totalmente?

I.: *No sé.*

K.: Señor, hágalo alguna vez si está interesado en estas cosas.

I.: *Siempre creí haberlo hecho, hasta que actuaba de nuevo.*

K.: Para averiguarlo, comencemos con el árbol, que es la cosa más objetiva. Obsérvelo completamente, esto es, sin el observador, sin la división, lo cual no quiere decir que usted se identifique con el árbol, usted no se convierte en el árbol, eso sería demasiado absurdo. Pero observarlo implica mirarlo sin la división entre usted y el árbol, sin el espacio creado por el "observador" con sus conocimientos, con sus pensamientos, con su prejuicio acerca de ese árbol; hacerlo no cuando está airado, celoso, o desesperado, o lleno de eso que llaman esperanza, que es lo opuesto de la desesperación y, por lo tanto, no es esperanza en absoluto. Cuando lo observa, cuando lo ve sin división, sin ese espacio, entonces puede ver su totalidad.

Cuando observe a la esposa, al amigo, al marido, lo que desee, cuando observe sin la imagen, que es la acumulación del pasado, verá qué cosa tan extraordinaria ocurre. Nunca antes habrá visto una cosa parecida en su vida. Pero observar totalmente implica que no hay división. Algunas personas toman LSD y otras drogas con el fin de eliminar el espacio entre el observador y lo observado. Yo no las he tomado; y una vez que comience ese juego, estará perdido, dependerá para siempre de ellas, y eso trae su propia desgracia.

I.: *¿Cuál es la relación entre el pensamiento y la realidad?*

K.: ¿Qué es el pensamiento en relación con el tiempo, el pensamiento en relación con lo mensurable y qué es inconmensurable? ¿Qué es el pensamiento? El pensamiento es la respuesta de la memoria, eso es obvio. Si no tuviéramos memoria no podríamos pensar en absoluto y estaríamos en un estado de amnesia. El pensamiento es siempre viejo, el pensamiento nunca es libre, el pensamiento jamás puede ser nuevo. Cuando el pensamiento está silencioso puede que ocurra un nuevo descubrimiento; pero no es posible que el pensamiento descubra algo nuevo. ¿Está eso claro? No esté de acuerdo conmigo, por favor. Cuando formulamos una pregunta y estamos familiarizados con ella, nuestra respuesta es inmediata. ¿Cuál es su nombre? Respondemos inmediatamente. ¿Dónde vive usted? La respuesta es instantánea. Pero lleva un tiempo cuando se trata de una pregunta más compleja. En ese intervalo, el pensamiento está mirando, tratando de recordar.

De manera que el pensamiento, en su deseo de averiguar qué es la verdad, está observando siempre en función del pasado. Ésa es la dificultad de la búsqueda. Cuando buscamos, tenemos que poder identificar lo que hemos encontrado; y lo que encontramos y podemos reconocer es el pasado. Es obvio, pues, que el pensamiento es tiempo; esto es sencillo, ¿no es así? Ayer tuvimos una experiencia de gran deleite, pensamos en ella y deseamos que se repita mañana. El pensamiento, pensando en algo que le ha brindado placer, lo desea mañana otra vez; así pues, "mañana" y "ayer" constituyen el intervalo de tiempo en el cual vamos a disfrutar de ese placer, en que vamos a pensar en él. El pensamiento, por lo tanto, es tiempo; y el pensamiento nunca puede ser libre porque es la respuesta del pasado. ¿Cómo puede el pensamiento encontrar algo nuevo? Esto es posible sólo cuando la mente está completamente silenciosa; no porque ella desea encontrar algo nuevo, pues entonces ese silencio surge por un motivo, y por lo tanto no es silencio.

Si ha comprendido esto, lo ha comprendido todo y hasta se ha contestado su pregunta. Siempre está usando el pensamiento como un medio para encontrar, para preguntar, para inquirir, para observar. ¿Quiere eso decir que el pensamiento puede saber qué es el amor? El pensamiento puede conocer lo que llamamos amor y exige ese placer otra vez en nombre del amor. Pero no es posible que el pensamiento, siendo el producto del tiempo, el producto de la medida, pueda comprender o dar con eso que no es mensurable. Entonces surge, pues, la pregunta de: ¿cómo podemos lograr que el pensamiento esté silencioso? No podemos. Quizás podamos profundizar en eso en otra ocasión.

I.: *¿Necesitamos normas que guíen nuestra vida?*

K.: ¡Señora, usted no ha escuchado nada de lo que he estado diciendo durante esta charla! ¿Quién va a establecer las normas? Las iglesias lo han hecho, los gobiernos tiránicos lo han hecho, o usted misma ha establecido las reglas de su propia conducta, de su propio comportamiento. Y usted sabe lo que eso significa: una batalla entre lo que usted cree que debe ser y lo que usted es. ¿Qué es más importante: comprender lo que usted debe ser, o lo que usted es?

I.: *¿Qué soy yo?*

K.: Vamos a averiguarlo. Le he dicho lo que usted es: su país, sus muebles, sus ambiciones, su responsabilidad, su raza, sus idiosincrasias y prejuicios, sus obsesiones, ¡usted sabe lo que es! Mediante todo eso usted desea averiguar la verdad, Dios, la realidad. Y como la mente no sabe cómo liberarse de todo esto, nos inventamos algo, un agente exterior, o le damos un significado a la vida.

Por lo tanto, cuando comprendemos la naturaleza del pensamiento —no verbalmente, sino que somos realmente conscientes de ello—, entonces, cuando tengamos un prejuicio, observémoslo, y veremos que nuestras religiones son un prejuicio, y que la identificación con la patria también es un prejuicio. Tenemos tantas opiniones, tantos prejuicios; basta con sólo observar uno de ellos completamente, con nuestra mente, con amor; ocuparse de él, observarlo. No digamos «no debo» o «debo», sencillamente mirémoslo. Y entonces veremos cómo vivir sin prejuicio alguno. Sólo una mente libre de prejuicios, de conflictos, puede ver qué es la verdad.

Londres
27 de mayo de 1970

10. LA MENTE RELIGIOSA

«LA MENTE religiosa es una luz para sí misma. Esa luz no la enciende otro; la vela que enciende otro puede apagarse muy pronto.»

¿Quieren que hablemos de la meditación? Hablar de algo y hacerlo son cosas muy diferentes. Si vamos a entrar en ese problema complejo, no sólo tenemos que comprender el significado de las palabras, me parece que también debemos ir más allá de las palabras. Hay varias cosas implicadas en la meditación. Para comprenderla en realidad, para llevarla a cabo de hecho, no simplemente de manera intelectual, verbal o teórica, se requiere una clase peculiar de seriedad, en la que ha de haber bastante inteligencia y buen humor.

En primer lugar tenemos que averiguar qué es una mente religiosa, no lo que es la religión, sino esa cualidad de la mente y del corazón que es religiosa. Podemos darle muchos significados a la palabra "religión", dependiendo de nuestro condicionamiento, ya aceptándola emocional, sentimental, o devocionalmente, o negando totalmente toda la cuestión relacionada con una actitud religiosa, con un modo de vida religiosa, como hace muchísima gente. Hasta nos avergonzamos bastante de hablar acerca de asuntos religiosos. Pero la mente religiosa no tiene nada que ver con la creencia en Dios, no tiene ninguna teoría, filosofía o conclusión, porque no tiene miedo y, por lo tanto, no necesita creencias.

Es difícil describir una mente religiosa, la descripción nunca podrá ser la cosa descrita. Pero si somos sensibles, conscientes y serios, podemos percibir el camino que nos conduce a ella.

Ante todo, no podemos pertenecer a ninguna religión organizada. Creo que ésa es una de las cosas más difíciles para la mayoría de los seres humanos; ellos desean agarrarse a alguna clase de esperanza, creencia, a alguna clase de teoría o conclusión, o a una experiencia propia, dándole a todo ello un significado religioso. Tenemos que descartar completa y totalmente toda clase de apego y el depender de nuestra experiencia secreta y particular, o de la experiencia acumulada de los llamados santos, los místicos, o de nuestro *gurú* o maestro personal. Confío en que ustedes vayan descartando todo eso, porque una mente religiosa no está abrumada por el miedo, o no está buscando seguridad o placer alguno. Para descubrir qué es la meditación, es absolutamente necesaria una mente que no lleve el peso de la experiencia. En la búsqueda de experiencia está el camino de la ilusión.

Es muy difícil no buscar experiencia de alguna clase; la mayoría de nuestras vidas son tan mecánicas, tan frívolas, que deseamos experiencias más profundas, porque estamos hastiados de la superficialidad de nuestra vida. Deseamos, o más bien anhelamos, algo que posea algún significado, alguna plenitud, profundidad, belleza, encanto, y por eso la mente busca. Y lo que busca eso encuentra, pero lo que encuentra no será verdad. ¿Están ustedes aceptando todo esto o rechazándolo? Por favor, no lo acepten ni lo rechacen, no se trata de su placer o mi placer, porque en esto no existe ninguna autoridad, ni la del que les habla, ni la de nadie más. Observen, la mayoría de nosotros deseamos que alguien nos dirija, nos guíe, nos ayude, y en esa persona o en esa idea, o en ese principio o imagen depositamos nuestra fe y confianza. De ma-

Si desea estar al corriente de la salida de nuestras novedades envíenos esta tarjeta cumplimentada.

TÍTULO DEL LIBRO que contenía este tarjetón: ....

NOMBRE Y APELLIDOS: ....

DIRECCIÓN: ....

CÓDIGO POSTAL/CIUDAD: ....

PAÍS: .... E-MAIL: ....

SUGERENCIAS: ....

....

nera que dependemos de otro. Una mente que depende de la autoridad y que, por lo tanto, es incapaz de estar sola, incapaz de comprender, incapaz de mirar directamente, sin duda ha de sentir miedo de equivocarse, de no hacer lo correcto, de no alcanzar el éxtasis prometido o que uno espera obtener. Todas esas clases de autoridad tienen que terminar; lo cual significa no tener miedo, no depender de otro (de ningún *gurú*) y tener una mente que no está buscando experiencia. Porque el buscar experiencia es indicio de que uno desea un gran placer –llámelo como le plazca–: éxtasis, gozo, buscar la verdad, encontrar la iluminación.

Además, ¿cómo reconoce el buscador lo que ha encontrado y si lo que ha encontrado es la verdad? ¿Puede la mente que busca, que explora, encontrar algo que esté vivo, moviéndose, que no tenga lugar de descanso? La mente religiosa no pertenece a ningún grupo, a ninguna secta, a ninguna creencia, a ninguna iglesia, a ningún circo organizado; por lo tanto, es capaz de mirar las cosas de manera directa y comprenderlas de inmediato. Así es la mente religiosa porque es una luz para sí misma. Su luz no la enciende otro; la vela que enciende otro puede apagarse muy pronto. Y la mayoría de nuestras creencias, dogmas, rituales son el resultado de la propaganda, que no tiene nada que ver con una vida religiosa. Una mente religiosa es una luz para sí misma y, por lo tanto, no existe para ella el castigo o la recompensa.

La meditación es el vaciamiento total de la mente. El contenido de la mente es el resultado del tiempo, de lo que se llama evolución, es el resultado de mil experiencias, una vasta acumulación de conocimiento, de recuerdos. La mente está tan recargada con el pasado porque todo conocimiento es el pasado, toda experiencia es el pasado, y toda la memoria es el resultado de la acumulación de mil experiencias, y eso es lo conocido. ¿Puede la mente, que es tanto lo consciente como lo inconsciente, vaciarse a sí misma por completo del pasado? Ése es todo el movimiento de la meditación. Cuando la mente se da cuenta de sí misma sin elección alguna, cuando ve el propio movimiento en su totalidad, ¿puede esa percepción vaciar por completo la mente de lo conocido? Porque si existe algún residuo del pasado, la mente no puede ser inocente. Entonces, pues, la meditación es el vaciamiento total de la mente.

Se han dicho muchas cosas acerca de la meditación, especialmente en Oriente; hay tantas escuelas, tantos discípulos, tantos libros escritos que explican cómo meditar y qué hacer. ¿Cómo sabemos si lo que se está diciendo es verdadero o falso? Cuando el que les habla dice que la meditación es el vaciamiento completo de la mente, ¿cómo sabemos que eso es cierto? ¿Qué nos lo indica? ¿Nuestro prejuicio personal, nuestra propia idiosincrasia debido a que nos gusta la cara del que habla? ¿O su reputación, o porque sienten alguna empatía, cierta actitud amistosa? ¿Cómo lo sabemos? ¿Tenemos que pasar por todos los sistemas, todas las escuelas? ¿Hemos de tener maestros que nos enseñen a meditar, antes de que podamos averiguar qué es meditación? ¿O podemos averiguarlo si no tenemos a ninguna de esas personas que nos diga lo que debemos hacer?

Estoy diciendo esto de la forma menos dogmática: no escuchen a nadie –incluyendo al que les habla, especialmente a éste que les habla– porque ustedes son muy susceptibles de ser influidos, ya que todos desean algo, anhelan algo, desean vehementemente la iluminación, el júbilo, el éxtasis, el cielo, y por este motivo pueden ser fácilmente atrapados. De manera que eso tienen que averiguarlo, completamente solos, ustedes mismos. Así, no hay necesidad de ir a la India, ni a ningún monasterio budista zen, para meditar o para buscar algún maestro; porque si ustedes saben observar, todo está dentro de ustedes. Por lo tanto, descarten completamente toda autoridad, todo empeño de buscar a alguien, porque la verdad no pertenece a nadie, no es un asunto personal. La meditación no es un placer o una experiencia personal privada.

Podemos ver que se necesita una gran armonía entre la mente, el corazón y el cuerpo, si es que ello puede dividirse así, psicosomáticamente, si lo prefieren. Es obvio que debe existir completa armonía, porque de haber alguna contradicción, alguna división, entonces hay conflicto. El conflicto es la esencia misma del desperdicio de energía, y necesitamos una tremenda energía para meditar. De manera que la armonía es necesaria para que la mente, el cerebro, el organismo y la profundidad del corazón sean un todo, y no estén fragmentados; podemos ver todo esto nosotros mismos; nadie tiene que enseñárnoslo. Cómo llegar a esa armonía es una cosa muy diferente. Armonía completa significa que tanto la mente como el organismo tienen que ser extraordinariamente sensibles; por lo tanto, tenemos que considerar toda cuestión de la dieta, el ejercicio y el vivir correctamente. Y como no queremos pensar en eso u observarlo, buscamos a alguna otra persona para que nos diga qué debemos hacer. Pero si buscamos a otro, limitamos nuestra energía, porque entonces preguntamos si es posible o no es posible hacerlo. Si decimos que es imposible, nuestra energía se limita mucho; y si decimos que es posible en términos de lo que ya sabemos, se empequeñece mucho, etcétera.

Uno se da cuenta, pues, de la necesidad de tener esa armonía completa, porque si existe alguna clase de discordia, hay distorsión. Y debe haber disciplina. Disciplina significa orden, no represión, ni conformidad con un principio o con una idea, con una conclusión, con un sistema o con un método. El orden no es un plan, ni un modelo de acuerdo con el cual vivimos. El orden surge únicamente cuando comprendemos todo el proceso del desorden, pasando a través de lo que es negativo para llegar a lo positivo. Nuestra vida es desorden, lo que significa contradicción: decir una cosa, hacer otra y pensar en algo completamente distinto. Es una existencia fragmentaria, y en esa fragmentación tratamos de encontrar alguna clase de orden. Creemos que este orden surge mediante la disciplina y el control. Una mente controlada, disciplinada en el sentido de actuar conforme a un patrón –ya sea un patrón establecido por nosotros mismos, o por la sociedad, o por una cultura en particular–, no es una mente libre, es una mente distorsionada. Tenemos, pues, que inquirir en esa cuestión del desorden. Y mediante la comprensión de qué es el desorden, cómo se origina, surge el orden, que es algo vivo.

¿Cuál es la verdadera esencia del desorden? Nuestras vidas son desordenadas, están divididas; vivimos en compartimentos diferentes; no somos una entidad completa, indivisa. La esencia del desorden es la contradicción, y cuando hay contradicción en nosotros mismos, tiene que haber esfuerzo y, por lo tanto, desorden. (Esto es muy sencillo. Probablemente a ustedes no les gustan las cosas sencillas. ¡Podemos hacerlo todo muy complejo!) Vemos cuán desordenada es nuestra propia vida, cómo las contradicciones entre varios deseos, propósitos, conclusiones, intenciones, están tirando unas de otras; siendo violentos deseamos vivir pacíficamente; siendo ambiciosos, codiciosos, competidores, decimos que amamos; siendo egocéntricos, egoístas, limitados, hablamos de la fraternidad universal. Fingimos, y así hay mucha hipocresía.

Por eso, el orden es necesario y la misma comprensión del desorden genera su propia disciplina, que es orden donde no existe represión, ni conformidad. Espero que me esté expresando con claridad, al menos verbalmente. La disciplina significa aprender, no acumular conocimientos mecánicos; aprender sobre la vida desordenada que vivimos y, por lo tanto, no llegar a ninguna conclusión en ningún momento. La mayoría de nuestras acciones se apoyan en conclusiones, ideales, o en la aproximación a un ideal. Nuestras acciones son, pues, contradictorias y, por lo tanto, desordenadas. Eso lo podemos ver con facilidad. Si estamos observándolo en nosotros mismos, surgirá naturalmente el orden, el liberarnos de toda autoridad, y por supuesto, del miedo. Podemos cometer un error, pero podemos corregirlo de inmediato.

¿Cómo puede la mente no ser atrapada por la ilusión? Podemos "meditar" interminablemente, creando nuestras propias ilusiones. El otro día nos encontramos con un hombre que había meditado durante veinticinco años –no a la ligera–, había renunciado a todo, a su buena posición, dinero, familia, nombre, y durante veinticinco años había practicado la meditación. Por desgracia, alguien lo trajo a una de las charlas y al día siguiente vino a verme y se expresó así: «Lo que usted dijo sobre la meditación es perfectamente cierto: he estado hipnotizándome, teniendo mis propias visiones, disfrutando a mi manera de esas visiones de acuerdo con mi condicionamiento». Si uno es cristiano, tiene visiones de Cristo, etcétera; si es hindú, tiene su propio Dios particular y está en comunicación directa con él, lo que significa que lo está, pero de acuerdo con su propio condicionamiento.

De modo que la cuestión es: ¿cómo puede la mente estar libre por completo de la ilusión? Uno tiene que formularse esta pregunta con toda seriedad. Muchas personas escuchan a toda clase de *yoguis* y maestros quienes les dicen lo que deben hacer, dándoles algún lema, alguna invocación, algún *mantra*, alguna palabra que les proporcionará experiencias extraordinarias; ya saben de lo que estoy hablando. ¿Han escuchado alguna vez un sonido musical tan a fondo que cualquier otro sonido se desvanece menos ese único sonido? Si la mente prosigue con ese sonido y no lo deja, obtenemos unos resultados extraordinarios. Pero eso no es meditación: eso es una especie de treta que podemos jugarnos a nosotros mismos y constituye otra forma de ilusión.

Asimismo puede que produzca ciertos resultados el uso de drogas para alcanzar "experiencias trascendentales", por medio de la química, igual que, si ayunamos mucho, tenemos cierta sensibilidad y nuestra mente se torna más alerta, observadora, aguda y lúcida, o también si nos dedicamos a practicar la respiración adecuada. Éstas son varias formas de tretas que generan su propia ilusión. Y la mente se agarra a esas ilusiones, porque son muy agradables, y porque constituyen nuestro logro privado y personal. Pero cuando el mundo está sufriendo, viviendo en agonía, en la distorsión, y en la corrupción, no tiene valor alguno nuestra insignificante visión particular captada desde el pequeño rincón de nuestro entorno.

Puede uno, por tanto, descartar todo eso como inmaduro e infantil. Además, conduce al aletargamiento, embota la mente. Entonces, ¿cómo se librará la mente de las ilusiones? No olvidemos que si existe algún esfuerzo, o alguna contradicción, tiene que haber ilusión. ¿Cómo se puede eliminar, sin dejar rastro, ese estado de contradicción, esa confusión, la distorsión, las diferentes clases de corrupción –sociales, religiosas y personales–, todo eso que induce a diversas formas de engaños e ilusiones? Eso puede ocurrir sólo cuando la mente está completamente silenciosa, porque cualquier actividad del pensamiento proviene del pasado. El pensamiento es la reacción de la memoria, de la experiencia acumulada, del conocimiento, etcétera, eso es el pasado. Y mientras esa corriente del pasado exista en toda la estructura de la mente –que incluye el cerebro– tendrá que haber distorsión.

De modo que la cuestión es: ¿cómo puede estar el pensamiento totalmente ausente en la meditación? El pensamiento es necesario; mientras más lógico, sano, saludable, objetivo, falto de emociones e impersonal sea, más efectivo y fuerte será. Tenemos que utilizar el pensamiento para desenvolvernos en la vida. Sin embargo, la mente tiene que ser capaz, tiene que estar completamente libre de todo sentido de distorsión para encontrar lo que es verdadero, lo que es sagrado. Tiene que haber armonía entre el vivir trabajando con el pensamiento y el no estar sujetos a él. Esto es lógico; no es ninguna teoría críptica y personal. Para ver cualquier cosa verdadera, que sea nueva para ser descubierta, nueva para ser percibida, algo que no ha sido creado o hecho antes, la mente tiene que estar libre de lo conocido. Y aun así uno tiene que vivir en lo conocido. El hombre que dio con el motor de propulsión a chorro, tuvo que estar libre del conocimiento del motor de combustión interna. De la misma manera, para que la mente pueda percibir algo totalmente nuevo, no puede existir ilusión alguna, tiene que haber silencio absoluto, total, no sólo en la actividad del pensamiento, sino también en la misma actividad de las células cerebrales con sus recuerdos.

Ése es un verdadero problema, ¿no es así? ¿Comprenden ustedes nuestro modo de vivir a base de creencias, conclusiones, prejuicios? Vivimos mecánicamente en la rutina de ganarnos la subsistencia, la rutina del trabajo tratando de obtener posición y prestigio. Nuestra vida es una serie de conformismos; conformismo con el miedo o con el placer. Una mente así no puede dar con nada nuevo. Por lo tanto, cualquier maestro, cualquier método, cualquier sistema que diga «haga esto y lo encontrará», está diciéndole una mentira porque cualquiera que dice que sabe, no sabe. Lo que sabe es la rutina, la práctica, la disciplina, el conformismo.

De manera que la mente, el cerebro y el cuerpo en completa armonía, tienen que estar en silencio, un silencio que no sea inducido por el uso de tranquilizantes o de la repetición de palabras, ya se trate del avemaría o de alguna palabra sánscrita.

Con la repetición, la mente se embota, y no es posible que una mente en estado de aletargamiento, pueda descubrir lo que es verdadero. La verdad es algo siempre nuevo. La palabra "nuevo" no es correcta. La palabra es en realidad "intemporal".

Entonces, tiene que haber silencio. Ese silencio no es lo opuesto del ruido o de la cesación del parloteo; no es el resultado del control, diciendo «voy a estar en silencio», lo cual, además, es una contradicción. Cuando decimos «voy a estar en silencio», tiene que existir una entidad que decide estar en silencio y, por lo tanto, practica lo que llama silencio; de manera que hay división, contradicción y distorsión.

Todo esto requiere gran cantidad de energía y, por supuesto, acción. Malgastamos muchísima energía acumulando conocimientos. El conocimiento tiene su propia función –debemos tener conocimientos, y mientras más tengamos, mejor–; pero cuando el conocimiento se torna mecánico, cuando hace que la mente sienta que ya no es posible, cuando llegamos a la conclusión de que ya no es posible cambiar, entonces no tenemos energía.

Existe la idea del control sexual, con la finalidad de tener más energía para encontrar a Dios, y todas las implicaciones religiosas que eso conlleva. Piensen en todos esos pobres santos y monjes, y en las torturas enormes que han experimentado para encontrar a Dios. Pero Dios –si existe tal cosa– no desea una mente torturada, una mente fragmentada, distorsionada, o que se haya embotado y viva en estado de aletargamiento.

El silencio de la mente surge de forma natural –escuchen esto, por favor–, surge de forma natural y fácil, sin esfuerzo alguno, si sabemos cómo observar, cómo mirar. Cuando observemos una nube, mirémosla sin verbalizar y, por lo tanto, sin pensamiento, mirémosla sin la división que implica el observador. Entonces existe una percepción y atención en el mismo acto de mirar; no el propósito expreso de estar atento, sino de mirar con atención, aun cuando esa observación sea sólo durante un segundo, un minuto... eso es suficiente. No seamos codiciosos, no digamos: «Tengo que tenerlo durante todo el día». Mirar sin el observador significa mirar sin el espacio entre el observador y la cosa observada, lo que no significa identificarse con la cosa que observamos.

De manera que cuando podemos observar un árbol, una nube, la luz sobre el agua, sin el observador, y también –lo que es mucho más difícil y requiere mayor atención– si podemos observarnos a nosotros mismos sin la imagen, sin ninguna conclusión, porque la imagen, la conclusión, la opinión, el juicio, la bondad y la maldad, están todos centralizados alrededor del observador, entonces, descubrimos que la mente, el cerebro, se quedan extraordinariamente en calma. Y esta calma no es cosa que haya de ser cultivada; puede ocurrir, y *ocurre*, si estamos atentos, si somos capaces de observar todo el tiempo, observando nuestros gestos, nuestras palabras, nuestros sentimientos, los movimientos de nuestros rostros, etcétera. El tratar de corregir todo eso genera contradicción, pero si observamos lo que ocurre, ese mismo acto realiza el cambio por sí mismo.

El silencio surge, pues, cuando hay atención profunda, no sólo en el nivel consciente, sino también en los niveles más profundos de la conciencia. Los sueños y el dormir son de gran importancia; es parte de la meditación el estar alerta mientras se duerme, estar conscientes y atentos mientras la mente y el cuerpo –o sea, el organismo– duermen. (Por favor, no acepten nada de lo que yo diga, no soy un *gurú*, su maestro o su autoridad. Si me convierten en su autoridad, se estarán destruyendo a sí mismos y al que les habla.)

Dijimos que la meditación es el vaciamiento de la mente; no sólo de su nivel consciente, sino también de sus capas ocultas, que son llamadas lo inconsciente. Lo inconsciente es tan trivial y absurdo como lo consciente. Mientras se duerme hay varias clases de sueños superficiales, que ni vale la pena pensar en ellos, son sueños que no tienen significado alguno. Estoy seguro de que ustedes saben todo esto, ¿no? También existe el sueño que tiene significado, y ese significado puede ser comprendido mientras ocurre. Esto es posible únicamente cuando estamos atentos y observando, escuchando durante el día, toda la actividad de nuestros pensamientos, los motivos, los sentimientos y las ambiciones. El observar no nos cansa, no nos agota si al hacerlo no corregimos lo que observamos. Si decimos «esto no puede ser» o «esto tiene que ser», entonces nos cansamos y aburrimos. Pero si observamos sin elección, si estamos alerta durante el día, sin aceptar ni rechazar, entonces, cuando soñamos, y esos sueños tienen algún significado, en el mismo momento en que soñamos, comprendemos la acción que se desarrolla durante el sueño, pues todos los sueños son activos, y en ellos se da alguna clase de acción. Por eso, cuando hemos hecho todo esto, la mente se torna extraordinariamente alerta durante el sueño y no tenemos que recurrir a ningún analizador de sueños. En ese estado de alerta vemos algo que la mente consciente nunca puede ver. Así, pues, el silencio no es algo para ser practicado, nos viene cuando hemos comprendido toda la estructura y el comienzo y el vivir de la vida.

Tenemos que cambiar la estructura de nuestra sociedad, su injusticia, su aterradora moralidad, las divisiones que ha creado entre los hombres, las guerras, la total ausencia de afecto y de amor que está destruyendo el mundo. Si nuestra meditación es sólo una cuestión personal, algo que disfrutamos personalmente, entonces no es meditación. La meditación implica un completo cambio radical de la mente y del corazón. Esto es posible sólo cuando existe esa extraordinaria sensación de silencio interno, y únicamente eso es lo que facilita la mente religiosa. Una mente así sabe lo que es sagrado.

Interlocutor: *¿Cómo podemos realizar este cambio completo?*

Krishnamurti: Señor, ¿puede el conocimiento provocar una revolución total? ¿Puede el pasado, que es conocimiento, generar un cambio completo en la cualidad de la mente? ¿O es que tiene uno que liberarse del pasado, de manera que la mente esté en revolución constante, en un movimiento constante de cambio? El centro del conocimiento, de la experiencia, de la memoria, está en el observador, ¿no es así? Por favor, no acepte esto, obsérvelo usted mismo. En cada uno de nosotros existe el censor, el ego que dice «esto es correcto», «esto es erróneo», «esto es bueno», «esto es malo», «debo», «no debo». Ese censor está observando: él es el observador y se separa a sí mismo de las cosas que observa. El censor, el observador es siempre el pasado, pero "lo que es" está siempre cambiando y es siempre nuevo. Mientras exista esta división entre el observador y lo observado, no será posible ninguna revolución radical; siempre habrá corrupción. Podemos ver lo que ha realizado la Revolución Francesa o la Revolución Comunista, pero la corrupción no ha parado en ningún momento. Mientras exista esta división no será posible la bondad. Entonces preguntamos: «¿Cómo puede terminar esta división?». ¿Cómo puede terminar el observador, que es la acumulación del pasado como conocimiento? No puede terminar porque necesitamos al observador cuando actuamos mecánicamente. Necesitamos el conocimiento cuando vamos a la oficina o a la fábrica, o al laboratorio. Pero ese conocimiento, ligado al censor, que es ambicioso y codicioso, se torna corrupto, usa el conocimiento para la corrupción. ¡Es tan sencillo!

Cuando nos damos cuenta de esto, entonces el "observador" cesa; y no es cuestión de tiempo, eso de que el observador termine gradualmente. Estamos condicionados para pensar que «gradualmente nos desharemos del observador, gradualmente nos convertiremos en no violentos». Pero mientras tanto, sembramos la semilla de la violencia.

Así, cuando vemos con toda claridad cómo el "observador" lo distorsiona todo –el observador que es el ego, el "yo"–, cómo separa y tergiversa, en ese instante de percepción no existe el observador.

I.: *¿Es posible que exista continua armonía en esta vida?*

K.: La armonía continuada en esta vida es una contradicción, ¿no es así? La idea de que tiene que ser continua impide el descubrimiento de algo nuevo. Únicamente en la terminación existe un comienzo nuevo. De manera que el deseo de tener armonía continua es una contradicción. Somos armoniosos, y punto. Somos esclavos de la palabra "ser". Si algo que denominamos armonía tiene continuidad, eso es la falta de armonía. Por lo tanto, señor, no desee nada continuo. Usted desea tener una relación con su esposa que sea continua, feliz, amable –y todas esas cosas románticas–; pero eso nunca ocurre. El amor no es algo temporal. No seamos, pues, codiciosos. La armonía no es cosa que pueda continuar; si continúa se torna mecánica. Pero una mente que es armoniosa, "*es*"; no "será" o "ha sido". Una mente que es armoniosa –repito que "*es*" no es la palabra adecuada– una mente que se da cuenta de que es armoniosa no se formula la pregunta: «¿Lo seré mañana?».

I.: *Señor, ¿cómo están relacionadas las cosas con el conteni-do verbal de la mente?*

K..: Eso es muy sencillo, ¿no? Cuando comprendemos que la palabra no es la cosa, que la descripción no es lo descrito, que la explicación no es lo explicado, entonces la mente está libre de la palabra. Si uno tiene una imagen de sí mismo, la imagen es elaborada por las palabras, por el pensamiento: el pensa-miento es la palabra. Uno piensa de sí mismo que es grande, o pequeño, o listo, o un genio, o cualquier otra cosa; uno tie-ne una imagen de sí mismo. Esa imagen puede ser descrita, es el resultado de la descripción; y esa imagen es la creación del pensamiento. Pero ¿es la descripción, la imagen, parte de la mente? ¿Qué relación existe entre el contenido de la men-te y la mente misma? ¿Es el contenido la mente misma? ¿Es ésa la pregunta, señor? Desde luego que lo es. Si lo que con tiene la mente son muebles, libros, lo que la gente dice, nues-tros prejuicios, nuestros condicionamientos, nuestros temo-res, eso es la mente. Si la mente dice que existe el alma, que existe Dios, que existe el infierno, que existe el cielo, que existe el diablo, eso es el contenido de la mente. El contenido de la mente es la mente. Si la mente puede vaciarse ella mis-ma de todo eso, entonces es algo totalmente distinto, enton-ces la mente es algo nuevo y, por lo tanto, inmortal.

I.: *¿Qué indicios hay de que un hombre ha comenzado a de-sarrollar la percepción?*

K.: ¡No lleva una bandera roja! Perdone que le conteste con una broma. Mire señor, ante todo, tal y como ya hemos dicho, no se trata de desarrollo, no es cuestión de crecimiento lento. ¿Requiere tiempo comprender algo? ¿Cuál es el estado de la mente que dice «he comprendido», no verbal, sino totalmente? ¿Cuándo dice eso? Lo dice cuando la mente está completamente atenta a lo que observa. Como ha estado atenta en ese momento, ha comprendido completamente; eso no es cuestión de tiempo.

I.: *¡Hay tanto sufrimiento! ¿Cómo es posible que uno esté en paz si siente compasión?*

¿Se cree usted diferente del mundo? ¿No es usted el mundo? Ese mundo que ha construido con su ambición, con su codicia, con su seguridad económica, con sus guerras: ese mundo también lo ha construido usted. El torturar animales para su comida, el desperdicio de dinero en guerras, la falta de educación correcta... usted ha desarrollado ese mundo, él es parte de usted. De manera que usted es el mundo, y el mundo es usted; no existe división alguna entre usted y el mundo. Usted pregunta: «¿Cómo puede uno estar en paz cuando el mundo sufre?». ¿Cómo puede uno estar en paz cuando está sufriendo? Ésa es la pregunta porque usted es el mundo. Puede ir por todo el mundo, hablarles a los seres humanos, ya sean listos, famosos o iletrados, todos están pasando por una época terrible... al igual que usted. De manera que la pregunta no es: «¿Cómo puede uno estar en paz mientras el mundo está sufriendo?». Usted está sufriendo, y por tanto el mundo sufre; ponga, pues, fin a su sufrimiento si es que sabe cómo hacerlo. El sufrimiento y la autocompasión terminan únicamente cuando existe el conocimiento de sí mismo. Y usted dice: «¿Qué puede hacer un ser humano que se ha liberado de su propio sufrimiento, qué valor tiene ese ser humano en el mundo?». Esa pregunta no tiene valor alguno. Si usted se ha liberado del sufrimiento, ¿sabe lo que eso significa? Y si dice: «¿Qué valor tiene el individuo en un mundo que sufre?», su pregunta es errónea.

I.: *¿Qué es la locura?*

K.: Oh, eso está muy claro. La mayoría de nosotros somos neuróticos, ¿no es así? La mayoría estamos algo descquilibrados, tenemos ideas peculiares y creencias raras. Una vez estábamos hablando con un católico muy devoto, y dijo: «Ustedes, los hindúes, son la gente más supersticiosa, fanática y neurótica; ustedes creen en tantas cosas anormales». Él era totalmente inconsciente de su propia anormalidad, de sus propias creencias, de sus propias estupideces. ¿Quién es, pues, equilibrado? Objetivamente, el hombre que no tiene miedo alguno, que es completo. Completo significa sano, saludable, sagrado; pero nosotros no lo somos, somos seres humanos fragmentados, y por lo tanto desequilibrados. El equilibrio existe únicamente cuando somos totalmente completos. Eso significa sano, saludable, con una mente lúcida, que no tiene prejuicios y que posee bondad. (*Aplausos.*) No aplaudan, por favor, sus aplausos no tienen ningún significado para mí. Lo digo sinceramente. Si ustedes lo han comprendido, porque lo han visto por sí mismos, entonces no hay necesidad de aplaudir, eso es de ustedes. La iluminación no llega a través de otro, surge mediante la propia observación, la propia comprensión de sí mismo.

Londres
30 de mayo de 1970

PARTE IV

11. LA MENTE SIN CONDICIONAMIENTOS

«UNA MENTE que está atrapada en el conocimiento y lo utiliza como medio para lograr la libertad no llega a esa libertad.»

Si somos serios, la cuestión de si es posible descondicionar la mente tiene que ser una de las más fundamentales. Observamos que en distintas partes del mundo, con culturas y moralidad social diferentes, el hombre está profundamente condicionado; su pensamiento sigue determinados principios y actúa y trabaja conforme a un modelo de conducta. Está relacionado con el presente a través de la experiencia del pasado. Ha cultivado grandes conocimientos y acumula millones de años de experiencia. Todo esto le ha condicionado –la educación, la cultura, la moralidad social, la propaganda, la religión–, y ante ello reacciona mediante su propia forma personal, que es la respuesta de otra forma de condicionamiento.

Tenemos que estar lo suficientemente atentos de cara a ver todo el significado de este condicionamiento y cómo divide a la gente desde el punto de vista nacional, religioso, social e idiomático. Estas divisiones constituyen una barrera tremenda y engendran conflicto y violencia. Si queremos vivir por completo en paz, creadoramente –luego examinaremos las palabras "paz" y "creadoramente"–, si queremos vivir de esa manera, tenemos que comprender este condicionamiento, que no es sólo periférico o superficial, sino también muy profundo y oculto. Tenemos que averiguar si la estructura de este condicionamiento puede ser revelada en su totalidad. Y cuando eso sea descubierto, ¿qué va uno a hacer, para ir más allá?

Si uno observa que está condicionado y dice: «Nunca será posible descondicionar la mente», el problema se termina. Si comienza con la creencia de que nunca podrá estar descondicionado, toda indagación termina, pues ya se ha resistido y contestado al problema, de manera que ahí termina; entonces lo único que uno puede hacer es seguir decorando el condicionamiento. Pero si uno examina el problema con la suficiente seriedad y se da cuenta de todas sus circunstancias, entonces, ¿qué ha de hacer? Si se trata de un gran problema, y no de algo que sencillamente soslayamos, ¿cómo respondemos? Si es algo vital y tremendamente importante en nuestra vida, ¿cuál es nuestra respuesta?

Si hemos descubierto este condicionamiento, entonces ¿de qué manera observamos? ¿Lo ha observado uno mismo o alguien le ha informado al respecto? En realidad, ésa es una pregunta muy importante que hemos de contestar. Si a uno se le ha informado y dice: «Sí, estoy condicionado», entonces está reaccionando a una sugestión; eso no es real, es sólo un concepto verbal que ha aceptado y con el cual está de acuerdo; eso es muy diferente a haberlo descubierto uno mismo, porque entonces se trata de algo tremendamente vital y tenemos la pasión para encontrar una salida.

¿Ha descubierto usted que está condicionado porque ha inquirido, investigado y observado el hecho? Si es así, ¿"quién" lo ha descubierto? –¿el observador, el investigador, el analizador?–, ¿"quién" es el que observa, examina, analiza todo el embrollo y la locura que este condicionamiento ocasiona en el mundo?, ¿"quién" ha descubierto mediante la observación la estructura de este condicionamiento y su resultado? Al observar lo que está ocurriendo interna y externamente –los conflictos, las guerras, la desdicha, la confusión en y fuera de uno mismo (lo exterior es parte de lo que uno es)– al observar esto con atención (esto ocurre en todo el mundo), he descubierto que estoy condicionado y he encontrado las consecuencias de este condicionamiento.

Así pues, existe el "observador" que ha descubierto que está condicionado, y entonces surge la cuestión de si este "observador" es diferente de aquello que ha observado y descubierto, y de si están separados entre sí. Si hay separación, entonces vuelve a existir la división y, por lo tanto, también el conflicto sobre la manera de vencer este condicionamiento, qué hacer al respecto, etcétera. Tenemos que averiguar si existen dos cosas separadas, dos movimientos separados, o sea, el "observador" y lo que es observado. ¿Están separados? ¿O es el "observador" lo observado? Es tremendamente importante averiguar esto por sí mismo, porque si lo hacemos, entonces toda nuestra manera de pensar sufre un cambio completo. Es un descubrimiento muy radical y, como consecuencia, la estructura de la moralidad, la continuación del conocimiento adquieren, para nosotros, un significado completamente distinto. Averigüe si usted mismo ha descubierto esto, o si ha aceptado lo que se le ha dado como un hecho, o si lo ha descubierto por usted mismo sin que nadie le haya dicho: «Eso es así». Si es su propio descubrimiento, el hecho libera una tremenda energía, la cual antes se había desperdiciado en la división entre el "observador" y lo observado.

La continuación del conocimiento (condicionamiento psicológico) en la acción es el desperdicio de la energía. El conocimiento ha sido acumulado por el "observador", y éste usa ese conocimiento cuando actúa, pero ese conocimiento está separado de la acción; de ahí el conflicto. Y la entidad que posee este conocimiento –que es esencialmente su condicionamiento– es el "observador". Tenemos que descubrir este principio fundamental por nosotros mismos, pero es un *principio,* no algo fijo; es una realidad que jamás podrá ser de nuevo cuestionada.

¿Qué le ocurre a una mente que ha descubierto esta verdad, este hecho sencillo: que el "observador" es lo observado; psicológicamente hablando? Si esto se descubre, ¿qué le ocurre a la cualidad de la mente, la cual ha estado condicionada durante tanto tiempo por sus conceptos del "yo superior", o del "alma", como algo separado del cuerpo? Este descubrimiento no tiene significado alguno si no abre la puerta a la libertad, porque seguiría siendo otra mera noción intelectual que no lleva a ningún sitio. Pero si constituye un verdadero descubrimiento, una realidad efectiva, entonces tendrá que haber libertad, que no es la libertad para hacer lo que a uno le plazca, o la libertad para llegar a ser, para realizarse, para decidir, ni la libertad para pensar lo que a uno le plazca y actuar como le parezca.

¿Hay elección para una mente libre? Elegir implica decidir entre esto y aquello; pero, ¿qué necesidad hay de elegir? (Por favor, señores, éstas no son meras afirmaciones verbales; tenemos que investigar el asunto, tenemos que vivirlo diariamente, y entonces encontraremos su valor, su vigor, su pasión, su energía.) Elección implica decisión; la decisión es acción de la voluntad; ¿cuál es la entidad que ejercita la voluntad para hacer esto o aquello? Por favor, escuche esto cuidadosamente, si el "observador" es lo observado, ¿qué necesidad hay de tomar una decisión? Cuando se toma algún tipo de decisión (psicológica), que depende de la elección, se demuestra que la mente está confusa. Una mente que ve con toda claridad no escoge, para ella existe únicamente la acción; la falta de claridad surge cuando hay división entre el "observador" y lo observado.

INTERLOCUTOR: *Si nos referimos a los hechos es imprescindible la elección, y por lo tanto la división, ¿no es verdad?*

KRISHNAMURTI: Tengo que elegir entre telas de color marrón y rojo, desde luego. Pero estoy hablando desde el punto de vista psicológico.

Si uno comprende los efectos de la elección, los efectos de la división y de la decisión, entonces la elección se convierte en una cosa trivial. Por ejemplo: estoy confuso, he sido educado en este mundo como católico, o como hindú, no estoy satisfecho y me paso a otra organización religiosa que he elegido. Pero si examino todo el condicionamiento de una cultura religiosa en particular, veo que es propaganda, una serie de aceptaciones de creencias, todas las cuales surgen psicológicamente del temor, de la experiencia de seguridad; y como internamente uno es insuficiente, desdichado, infeliz, inseguro, pone su esperanza en algo que ofrezca seguridad, certeza. De manera que cuando fracasa una religión determinada a la que pertenezco, me paso a otra esperando encontrar seguridad en ella; pero se trata de lo mismo con un nombre diferente, llámese "x" o "y". Cuando la mente ve con toda claridad, comprende toda la situación y no tiene necesidad de elegir; entonces ya no hay ninguna reacción para actuar conforme a la "voluntad". La "voluntad" implica resistencia y es una forma de aislamiento; una mente que está aislada no es una mente libre.

Una mente que cae en la trampa de adquirir conocimiento como un medio de liberarse, no llega a esa libertad. ¿Por qué se ha convertido el conocimiento en una cosa tan extraordinariamente importante en la vida? El conocimiento es sólo la experiencia acumulada de lo que otras personas han descubierto en el terreno científico, psicológico, etcétera, junto con el conocimiento que hemos adquirido por nosotros mismos mediante la observación y el aprendizaje. ¿Qué función desempeña el conocimiento en la libertad? El conocimiento es siempre el pasado; cuando decimos: «Yo sé», en esto está implícito que *hemos sabido*. Cualquier clase de conocimiento –científico, personal, comunitario, o lo que sea–, es siempre del pasado; y como nuestra mente es el resultado del pasado, ¿puede llegar a ser libre?

I.: *¿Qué hay sobre el conocimiento de sí mismo?*

K.: Vea, primero, cómo la mente acumula conocimiento y por qué lo hace; vea dónde es necesario el conocimiento, y dónde se convierte en un impedimento para la libertad. Obviamente, si queremos hacer algo tenemos que tener conocimientos –conducir un vehículo, hablar un idioma, realizar un trabajo tecnológico–, debemos tener un gran caudal de conocimientos, y mientras más eficiente, más objetivo, más impersonal, mejor; pero estamos hablado de ese conocimiento que nos condiciona psicológicamente.

El "observador" es el depósito del conocimiento. El "observador" es, pues, del pasado, es el censor, la entidad que juzga desde ese conocimiento acumulado. Él hace esto con respecto a sí mismo. Habiendo adquirido conocimiento sobre sí mismo de los psicólogos, cree que ha aprendido acerca de sí mismo, y con ese conocimiento se observa. No se observa con ojos nuevos. Dice: «Yo sé, me he visto a mí mismo, algunas partes son extraordinariamente buenas, pero las otras son más bien terribles». Él ha juzgado ya, y nunca descubre algo nuevo de sí mismo porque él, el "observador", a lo que llama "yo", está separado de aquello que es observado. Eso es lo que hacemos siempre, en todas nuestras relaciones. Nuestras relaciones con otro, o nuestras relaciones con la máquina se apoyan todas en el deseo de encontrar un sitio donde estemos completamente seguros, sin incertidumbres. Y buscamos la seguridad en el conocimiento; el guardián de este conocimiento es el "observador", el pensador, el experimentador, el censor, que siempre se considera como algo diferente de la cosa observada.

La inteligencia no está en la acumulación de conocimientos. La acumulación de conocimientos es estática; podemos añadirle cosas, pero su núcleo es estático. Desde esa acumulación estática, vivimos, trabajamos, pintamos, escribimos, y hacemos todo el mal que existe en el mundo, y a eso lo llamamos libertad. ¿Puede, pues, la mente estar libre del conocimiento, de lo conocido? Ésta es realmente una pregunta extraordinaria, si uno la formula no sólo intelectualmente, sino con verdadera seriedad: ¿puede la mente llegar a estar libre de lo conocido? De lo contrario, no hay creatividad; entonces no hay nada nuevo bajo el Sol; será siempre la reforma de lo ya reformado.

Uno tiene que averiguar por qué existe esta división entre el "observador" y lo observado. ¿Puede la mente ir más allá de esa división, de manera que esté libre de lo conocido para desenvolverse en una dimensión totalmente diferente? Eso significa que la inteligencia utilizará el conocimiento cuando sea necesario y, sin embargo, estará libre de él.

La inteligencia implica libertad; la libertad implica la cesación de todo conflicto; la inteligencia surge, y el conflicto termina, cuando el "observador" es lo observado, porque entonces no hay división. Después de todo, cuando esto existe, hay amor. Uno titubea al usar una palabra tan terriblemente recargada; el amor está asociado con el placer, el sexo, el temor, con los celos, con la dependencia, con la codicia. Una mente que no es libre no conoce el significado del amor; puede que conozca el placer y que, por lo tanto, conozca el miedo, pero eso, desde luego, no es amor.

El amor sólo puede surgir cuando se es realmente libre del pasado como conocimiento. ¿Es eso posible? El hombre ha buscado esto de diferentes maneras: el estar libre de la transitoriedad del conocimiento. Siempre ha buscado algo más allá del conocimiento, más allá de la respuesta del pensamiento; y así ha creado una imagen llamada Dios. ¡Cuántas cosas absurdas surgen alrededor de eso! Sin embargo, para descubrir si existe algo más allá de las fantasías del pensamiento, tenemos que estar libres de todo temor.

I.: *¿Está usted diferenciando entre el cerebro como intelecto y la mente, la cual es algo distinto, un estado de atención?*

K.: No. Usamos la palabra "mente" para referirnos a todo el proceso del pensamiento, como memoria, como conocimiento, incluyendo las células cerebrales.

I.: *¿Incluyendo las células cerebrales?*

K.: Obviamente. Uno no puede separar las células del cerebro del resto de la mente, ¿es posible hacerlo? El cerebro… ¿cuál es la función del cerebro? ¿Un ordenador?

I.: *Sí, creo que sí.*

K.: Un ordenador de lo más extraordinario, construido durante miles de años, es el resultado de miles de años de experiencia, con el fin de conseguir supervivencia y seguridad. Contamos con muchos conocimientos de todo lo que está ocurriendo en el mundo exterior, pero con muy poco conocimiento acerca de nosotros mismos.

I.: *¿No podría la creatividad depender de la memoria y, por lo tanto, depender del pasado? Usted dijo anteriormente que en realidad no existe nada nuevo bajo el Sol.*

K.: «No existe nada nuevo bajo el Sol», por lo menos la Biblia, el Eclesiastés, dice eso. ¿No estamos confundiendo la creatividad con la expresividad? ¿Necesita una persona creadora de la expresión? Piénselo bien: «Necesito realizarme en algo que tiene que ser expresado»; «Siento que soy un artista y que tengo que pintar, o que escribir un poema». ¿Necesita la creatividad expresarse bajo forma alguna? ¿Muestra la obra de un artista una mente que es libre en el acto de crear? ¿Comprenden ustedes? Uno pinta un cuadro o escribe un poema. ¿Es eso demostración de una mente creativa? ¿Qué significa creatividad? ¡No, desde luego, la repetición mecánica del pasado!

I.: *Creo que la creatividad realmente necesita expresión, o no tendríamos este mundo.*

K.: ¿Necesita expresión la creatividad? ¿Qué significa creatividad? ¿Cuál es el sentir de una mente creadora?

I.: *Cuando la mente está inspirada; cuando puede hacer algo bueno y bello*

K.: ¿Necesita inspiración la mente creadora? ¿No tiene que ser libre la mente para ser creadora? De lo contrario es repetición. En esa repetición puede que haya expresiones nuevas, pero sigue siendo repetición, algo mecánico; ¿puede ser creadora una mente mecánica? La mente de un ser humano en conflicto, en tensión, neurótica... ¿puede ser creadora aun cuando escriba poemas maravillosos, dramas maravillosos?

I.: *Tiene que estar "en el ahora" y no...*

K.: ¿Qué quiere decir "estar en el ahora"? La mente no puede ser mecánica. No puede estar recargada con todo el peso del conocimiento, de la tradición, es decir, una mente que es real y profundamente libre... libre del miedo. Esto es libertad, ¿no es así?

I.: *Pero aun así tiene que seguir buscando seguridad; ésa es la función del cerebro.*

K.: Desde luego. La función del cerebro es buscar seguridad. Pero ¿está seguro cuando se condiciona a sí mismo en cuanto a la nacionalidad y a la creencia religiosa, al decir esto es mío, eso es suyo, etcétera?

I.: *Me parece que sin oposición no hay crecimiento. Eso es parte de la neurología.*

K.: ¿Lo es?

I.: *Sin lo alto no existe lo bajo, o sin lo ancho no existe lo estrecho.*

K.: Averigüémoslo. Hemos vivido de esa manera, entre lo bueno y lo malo, entre odio, celos y amor, entre ternura y brutalidad, entre violencia y dulzura, durante millones de años. Y decimos que hemos aceptado eso porque es algo real, pero ¿lo es, vivir de esa manera?¿Puede saber qué significa el amor una mente cuya cualidad oscila entre el odio y los celos, entre el placer y el temor? ¿Puede una mente que está siempre buscando expresarse, realizarse, ser famosa, ser reconocida –a lo cual llamamos triunfar, ser alguien, que es parte de la estructura social, parte de nuestro condicionamiento–, puede ser creadora una mente así? Cuando una mente está atrapada por el deseo de llegar a ser siempre algo, atrapada en el verbo "ser", "seré", "he sido", existe en ella el temor a la muerte, el temor a lo desconocido, de manera que se agarra a lo conocido. ¿Puede una mente así llegar a ser creadora alguna vez? ¿Puede la creatividad ser resultado de la tensión, de la oposición, del esfuerzo excesivo?

I.: *La creatividad es júbilo, imaginación.*

K.: ¿Sabe usted lo que significa júbilo? ¿Es placer el júbilo?

I.: *No.*

K.: Usted dice que no; pero eso es lo que usted está buscando, ¿no es así? Puede que tengamos un momento de gran éxtasis, gran júbilo, y pensamos acerca de ello. Pensar sobre eso lo reduce a placer. Todos llegamos con muchísima facilidad a conclusiones, pero una mente que llega a conclusiones no es una mente libre. Averigüe si es posible que uno viva sin conclusión alguna; que viva diariamente sin comparaciones. Llegamos a conclusiones porque comparamos. Viva una vida sin comparaciones; hágalo y descubrirá que ocurre algo extraordinario.

I.: *Si existe sólo la expresión, y la experiencia es temor, o ira, ¿qué ocurre?*

K.: Si uno vive únicamente una experiencia, sin que esa experiencia sea registrada y reconocida en el futuro como tal, ¿qué ocurre? Creo que tenemos que averiguar primero qué significa para nosotros la palabra "experiencia". ¿No significa "pasar por"? ¿Y no implica reconocimiento porque, de lo contrario, no sabríamos que hemos tenido una experiencia? Si no reconociera la experiencia, ¿sería experimentada?

I.: *¿No podría existir simplemente la experiencia?*

K.: Vaya un poco más lejos. ¿Por qué necesitamos la experiencia? Todos deseamos experiencias; estamos hastiados de la vida; hemos convertido la vida en una cosa mecánica, y deseamos experiencias más grandes y fuertes, experiencias trascendentales. De manera que recurrimos al escape de ese aburrimiento mediante la meditación, o lo que llamamos religiosidad. La experiencia implica reconocimiento de lo que ha ocurrido; podemos reconocer sólo si existe un recuerdo de lo que ya ha ocurrido. La cuestión es, pues: ¿por qué buscamos experiencias? ¿Para que nos despierten, porque estamos dormidos? ¿Se trata de un reto al que respondemos según el contenido de nuestra mente, que es lo conocido?

¿Es posible, por lo tanto, vivir una vida en la que la mente esté tan lúcida y despierta, que sea una luz para sí misma, que no necesite ninguna experiencia? Eso significa vivir una vida sin conflicto; eso significa que la mente es sumamente sensible e inteligente, que no necesita algo que la rete, o que la despierte.

Brockwood Park
12 de septiembre de 1970

12. FRAGMENTACIÓN Y UNIDAD

«PARA LOGRAR la calma de la mente, su completo silencio, se requiere una disciplina extraordinaria; (...) La mente tiene entonces una cualidad religiosa de unidad; de ahí puede surgir la acción que no es contradictoria.»

Uno de los problemas más importantes que nos toca resolver es el de realizar una completa unidad, algo que esté más allá del interés egocéntrico y fragmentario del "yo", que se halla presente en todos los ámbitos de tipo social, económico o religioso. El "yo" y el "no yo", el "nosotros" y el "ellos" son los factores de la división.

¿Es posible ir más allá de la actividad del interés egocéntrico? Si algo es "posible", entonces tenemos gran cantidad de energía, pues lo que desperdicia energía es la sensación de que eso no es posible, y así sólo vamos a la deriva –como hacemos la mayoría de nosotros– de una trampa a otra. Nos preguntamos si esto es posible, reconociendo que en un ser humano hay mucha de la agresividad y violencia del animal, y mucha actividad estúpida y maléfica; reconociendo que está atrapado en diversas creencias, dogmas y teorías separatistas, y que se rebela contra un sistema o estructura en particular para caer en otro.

Viendo, pues, la situación humana tal y como es, ¿qué puede uno hacer? Creo que ésta es la pregunta que inevitablemente ha de formularse todo ser humano sensible y consciente de las cosas que están ocurriendo a su alrededor. No es una pregunta intelectual o hipotética, sino algo que surge de la realidad del vivir. No es algo para determinados momentos raros, sino algo que persiste durante el día y la noche, a través de los años y hasta que uno viva una vida que sea completamente armoniosa, sin conflicto dentro de uno mismo, ni con el mundo.

El conflicto, según observamos, surge del interés egocéntrico, que atribuye una importancia tan grande a los deseos. ¿Cómo podemos trascender este pequeño, mezquino e insignificante yo? (Así es, aun cuando podamos denominarlo el alma, el *atman*... palabras de sonido agradable como las que inventamos para encubrir una corrupción.) ¿Cómo podemos trascenderlo?

No siendo capaces de cambios interiores, psicológicos, nos dirigimos a intervenciones exteriores. ¡Cambiemos el ambiente, la estructura social y económica, y el hombre cambiará también inevitablemente! Eso ha resultado ser totalmente falso, aun cuando los comunistas insisten en esa teoría; y las autoridades religiosas repiten: cree, acepta, ponte en manos de algo fuera de ti y más grande que tú. Eso también ha perdido fuerza porque no es verdadero, es tan sólo una invención intelectual, una estructura verbal carente de seriedad. La identificación de uno mismo con la nación también ha ocasionado guerras terribles, desdichas, confusión y creciente división. Viendo todo esto, ¿qué puede uno hacer? ¿Huir a algún monasterio, aprender la meditación del zen, aceptar alguna teoría filosófica y comprometerse con ella, meditar como medio de escape y de autohipnosis? Vemos todo eso –de hecho, no de una manera verbal o intelectual– y vemos que no conduce a ninguna parte; entonces, ¿no lo descartamos todo indefectiblemente, no lo rechazamos todo de manera categórica?

Uno ve lo absurdo de todo tipo de identificación con algo más grande, de esperar que el ambiente modele al hombre; ve la falsedad de todo eso; ve la superficialidad de las creencias, ya sean nobles o innobles; y entonces, ¿no descarta uno todo eso de una manera real, y no teórica? Si lo hace –y eso es una tarea muy difícil–, muestra una mente capaz de observar las cosas en su totalidad, como son, sin distorsión alguna, sin ninguna interpretación según lo que a uno le guste o no le guste; en ese momento, ¿qué le ocurre a la mente? ¿No hay una acción inmediata? Una acción que es inteligencia: ver el peligro y actuar; inteligencia en la que no hay división entre el ver y el actuar. En la misma percepción está la acción. Cuando uno no actúa comienza la locura; surge la perturbación, y entonces decimos: «No puedo hacer eso, es muy difícil, ¿qué voy a hacer?».

Cuando existe un concepto de acuerdo con el cual determinamos psicológicamente nuestra acción, hay división, y tiene que haber conflicto. Este conflicto entre la idea y la acción constituye el mayor factor de confusión en la vida. ¿No es posible actuar sin que se produzca la ideación? Eso significa que el ver y la acción ocurren simultáneamente; porque cuando existe un gran peligro físico, una crisis, eso es lo que hacemos, actuamos instantáneamente. ¿Es posible vivir así? Es decir, ¿es posible ver con claridad el peligro, digamos del nacionalismo, o de las creencias religiosas, que separan a los hombres, de manera que el mismo hecho de verlo constituya la comprensión de que es falso? No se trata de creer que eso es falso. La creencia no tiene nada que ver con la percepción; al contrario, la creencia impide la percepción. Si usted tiene una creencia, una tradición, o un prejuicio, si es hindú, judío, árabe, o comunista, etcétera, entonces esa misma división engendra antagonismo, odio, violencia y lo incapacita para ver la realidad. En cualquier división entre el concepto y la acción tiene que haber conflicto; este conflicto es neurótico, insano. ¿Puede la mente ver directamente, de forma que el mismo acto de ver sea el hacer? Eso requiere atención, eso requiere una actitud alerta, viveza de mente, sensibilidad.

Uno ve esto –que necesita darse cuenta de manera clara, aguda, sensible, inteligente– y entonces pregunta: «¿Cómo voy a lograrlo?». En esa pregunta ya hay división. Sin embargo, cuando uno ve el hecho real de lo que está ocurriendo, entonces el mismo hecho de verlo es la acción. Espero que esto quede claro.

Toda forma de conflicto, interna o externa –no existe en realidad ninguna división entre lo externo y lo interno–, es distorsión. Creo que no nos damos cuenta de esto con suficiente claridad. Estamos tan acostumbrados al conflicto y a la lucha que incluso llegamos a sentir que cuando no hay conflicto no estamos creciendo, ni desarrollándonos, ni creando; que no estamos actuando correctamente. Deseamos la resistencia, pero sin ver la implicación de la resistencia, que es división. ¿Puede la mente, pues, actuar sin resistencia, sin conflicto, viendo que cualquier clase de fricción, cualquier forma de resistencia, implica división, que genera un estado neurótico, de conflicto?

Cuando hay percepción y acción sin el concepto, sin la actividad del centro, del "ego", del "yo", de la "libido" –no importa la palabra que usemos para describir lo que está adentro–, termina el "observador", el censor, el controlador, el pensador, el experimentador, etcétera. El centro de toda ideación psicológica es el "yo" (no el conocimiento práctico y científico, etcétera). Cuando surge algún reto, entonces la reacción desde el centro, como el "yo", es la respuesta del pasado; mientras que en el ver instantáneo, y en el actuar instantáneo, el "ego" no interviene en absoluto.

El centro es el hindú, el árabe, el judío, el cristiano, el comunista, etcétera; la reacción de ese centro es la respuesta de su condicionamiento pasado, es el resultado de miles de años de propaganda, religiosa y social, y cuando ese centro responde tiene que haber conflicto.

Cuando uno ve algo con total claridad y actúa, no existe división. Uno no aprende esto de los libros; es algo que se puede aprender únicamente mediante el conocimiento de sí mismo, algo que se aprende directamente, no de segunda mano.

¿Puede el hombre, al darse cuenta de la transitoriedad de todas las cosas, encontrar algo que no sea temporal? El cerebro es el resultado del tiempo, ha sido condicionado a través de miles de años. Su pensamiento es la respuesta de la memoria, del conocimiento, de la experiencia, ese pensamiento nunca podrá descubrir nada nuevo porque es el producto de ese condicionamiento; es siempre lo viejo; nunca es libre. Cualquier cosa que el pensamiento proyecte estará dentro del campo del tiempo; puede inventar a Dios, puede concebir un estado intemporal, puede inventar un cielo, pero todo eso sigue siendo producto de sí mismo y, por lo tanto, del tiempo, del pasado, y es irreal.

Por lo que hemos observado, al darse cuenta de la naturaleza del tiempo –del tiempo psicológico donde el pensamiento se ha convertido en algo extraordinariamente importante–, el hombre ha estado eternamente buscando algo más allá. Se pone a buscarlo; cae en las creencias; y llevado por el miedo se inventa una deidad maravillosa. Puede que se proponga encontrarlo mediante un sistema de meditación, de una fórmula repetitiva, que pueda hacer que la mente esté algo tranquila y embotada. Puede que repita *mantras* interminablemente. En esa repetición, la mente se torna mecánica, algo atontada; puede que se remonte a algo místico, sobrenatural, trascendental, o a alguna otra cosa que sea proyectada por ella misma. Pero todo eso no es meditación en absoluto.

La meditación implica una mente que está tan asombrosamente lúcida que ya no hay posibilidad de autoengaño. Uno puede engañarse indefinidamente; y por lo general, la llamada meditación es una forma de autohipnosis: vemos visiones de acuerdo con nuestro condicionamiento. Es muy sencillo: si uno es cristiano verá a su Cristo; si es hindú verá a su Krishna; o cualquiera de los innumerables dioses que tenemos. Pero la meditación no es ninguna de esas cosas; es el absoluto silencio de la mente, la absoluta calma del cerebro. La base para la meditación tiene que descansar en la vida cotidiana, en la manera de comportarnos, en lo que pensamos. Uno no puede ser violento y meditar; eso no tiene sentido. Si existe psicológicamente cualquier clase de temor, es obvio que entonces la meditación es un escape. Para lograr la calma de la mente, su completo silencio, se requiere una disciplina extraordinaria; no la disciplina de la represión, del conformismo, o de la adhesión a alguna autoridad, sino aquella disciplina o aquel aprender que sucede durante el día en relación con cada movimiento del pensamiento; la mente tiene, entonces, una cualidad religiosa de unidad; de ahí puede surgir la acción que no es contradictoria.

Además, ¿qué parte desempeñan los sueños en todo esto? La mente nunca está en calma; la actividad constante que se desarrolla durante el día continúa cuando nos dormimos. Las preocupaciones, los afanes, la confusión, la ansiedad, los temores y los placeres, continúan mientras dormimos; su simbolismo se agudiza más a lo largo del sueño. ¿Puede la mente estar totalmente en calma durante el sueño? Esto es posible, pero sólo cuando los afanes del día son comprendidos en cada momento, de manera que terminen y no sean aplazados. Si a uno se le insulta o encomia, debe terminar con ello cuando ocurre, de forma que la mente esté constantemente libre de problemas. Entonces, al dormir, surge una cualidad de clase diferente, la mente se halla en reposo completo; está tranquila, uno no aplaza los asuntos diarios, sino que termina con ellos cada día.

Si hemos pasado por todo eso, vemos que la meditación es aquella cualidad de la mente que está libre por completo de todo conocimiento... aunque puede utilizarlo; porque como está libre de "lo conocido", puede utilizar "lo conocido"; y cuando utiliza "lo conocido" es sensata, objetiva, impersonal, no dogmática.

Ocurre, pues, que en este silencio de la mente existe una cualidad que es intemporal. Aunque, como ya hemos dicho, la explicación, la descripción, no es aquello que es explicado o descrito. La mayoría de nosotros estamos satisfechos con explicaciones o descripciones, pero tenemos que liberarnos de la palabra, porque la palabra no es la cosa. Cuando uno vive de esa manera, la vida posee una belleza diferente; existe un gran amor que no es ni placer ni deseo; porque el placer y el deseo están relacionados con el pensamiento y el amor no es el resultado del pensamiento.

INTERLOCUTOR: *Cuando me observo veo un movimiento muy rápido del pensar y del sentir y no puedo observar un pensamiento hasta su final.*

KRISHNAMURTI: Siempre está en marcha una cadena de acontecimientos. ¿Qué puede hacer usted? Cuando observa y trata de comprender un pensamiento, de llegar hasta su mismo final, otro surge; esto ocurre todo el tiempo. He ahí su problema: según va observando, ve que usted es la multiplicación de pensamientos, y no puede seguir un pensamiento hasta el final. ¿Qué puede hacer? Formule la pregunta de manera distinta: ¿por qué la mente parlotea interminablemente, por qué continúa este soliloquio? ¿Qué pasa si no continúa? ¿Es ese parloteo el resultado del deseo de estar ocupada en algo? Si no está ocupada, ¿qué ocurre? Si usted es un ama de casa, está ocupada en los quehaceres del hogar, o está usted ocupado como hombre de negocios; la ocupación se ha convertido en una obsesión. ¿Por qué exige la mente esta ocupación, este parloteo? ¿Qué ocurre si no parlotea, si no está ocupada?, ¿hay miedo en el fondo? ¿Miedo de qué?

I.: *¿De no ser nada?*

K.: Miedo de estar vacía, de estar sola, miedo de darse cuenta de todo el torbellino de su interior. Por lo tanto, tiene que estar ocupada en algo, igual que el monje está ocupado con su Salvador, con sus plegarias; tan pronto deja de hacerlo es como cualquier otra persona, porque siente temor. De modo que desea estar ocupada, y eso implica tener miedo de averiguar lo que usted es. Mientras no solucione el problema del miedo, continuará parloteando.

I.: *Según voy observándome, el temor aumenta.*

K.: Naturalmente. Por eso la cuestión no es tanto cómo detener el incremento del temor, sino más bien si puede terminar el temor.

¿Qué es el temor? Puede que no sienta temor mientras está sentada aquí, y, por lo tanto, no pueda tomarlo y examinarlo para aprender de ello ahora. Pero puede percibir inmediatamente que depende de algo, ¿puede hacerlo o no? Depende de su amigo, de su libro, de sus ideas, de su marido; la dependencia psicológica está ahí constantemente. ¿Por qué depende de algo? ¿Es porque le brindan comodidad, una sensación de seguridad y bienestar, de compañía? Cuando esa dependencia le falla, se torna celosa, irritada y cosas por el estilo, o trata de cultivar la libertad como medio de huir de la dependencia, de llegar a independizarse. ¿Por qué hace todo esto la mente? Es porque en sí misma está vacía, embotada, es tonta, superficial; siente que, mediante la dependencia, es algo más que eso.

La mente parlotea porque tiene que estar ocupada en una cosa u otra; esa ocupación varía desde el más alto ministerio del hombre "religioso" hasta el trabajo más humilde del soldado, etcétera. Es obvio que la mente está ocupada porque de lo contrario podría descubrir algo que teme profundamente, algo que quizás no pueda resolver.

¿Qué es el temor? ¿No está relacionado con algo que he hecho en el pasado, o con algo que me imagino pueda ocurrir en el futuro? El incidente pasado o el accidente futuro; la enfermedad pasada o la repetición futura de ese dolor. Ahora bien, vemos que el pensamiento crea ese temor; el pensamiento engendra el miedo, de la misma manera que el pensamiento sostiene y alimenta el placer. ¿Puede entonces el pensamiento terminar de forma que no siga dándole continuidad al miedo o al placer? Queremos placer, deseamos que continúe, pero queremos descartar el miedo. Nunca vemos que ambos van juntos.

Es la maquinaria del pensamiento la responsable, la que da continuidad al placer y al temor. ¿Puede detenerse esta maquinaria? Cuando vea la extraordinaria belleza de una puesta de Sol, véala; pero no la califique con el pensamiento, diciendo: «Tengo que atesorarla en la memoria, o volver a disfrutarla». Verla, y ponerle fin, es acción. La mayoría de nosotros vivimos en la inacción y, por lo tanto, hay un parloteo interminable.

I.: *Pero cuando el parloteo se está produciendo, ¿se limita uno a observarlo?*

K.: Eso es, somos conscientes de ese parloteo. Sin elección. Lo cual significa que no hemos de tratar de reprimirlo, o de decir «es incorrecto, o es correcto», o «tengo que trascenderlo». Mientras observa el parloteo, descubrirá por qué continúa. Cuando aprenda sobre el parloteo, éste cesará y no habrá resistencia. Mediante la negación se llega a la acción positiva.

Brockwood Park
13 de septiembre de 1970

PARTE V

13. LA REVOLUCIÓN PSICOLÓGICA

«Al ver esta enorme fragmentación, tanto interna como externa, la única salida para el ser humano es llevar a cabo, en sí mismo, una revolución radical y profunda.»

La vida es seria; uno tiene que dedicarle completamente su mente y su corazón; no podemos jugar con ella. Está llena de problemas y hay una gran confusión en el mundo; hay corrupción en la sociedad, y en las diferentes divisiones y contradicciones religiosas y políticas. Hay gran injusticia, aflicción y pobreza, no sólo la pobreza exterior, sino también interna. Cualquier hombre serio –más o menos inteligente y no sólo sentimentalmente emotivo–, al ver todo esto ve la necesidad de cambiar.

El cambio, o bien es una revolución psicológica completa en la naturaleza del ser humano en su totalidad, o es una simple tentativa de reformar la estructura social. La verdadera crisis en la vida del hombre, de usted y de mí, es si esa revolución psicológica completa puede realizarse, independientemente de la nacionalidad y de toda división religiosa.

Hemos construido esta sociedad; nuestros padres, y con anterioridad los padres de ellos, han creado esta estructura corrupta, y nosotros somos el producto de eso. Somos la sociedad, somos el mundo, y si no nos cambiamos a nosotros mismos de manera radical y con toda seriedad, entonces no hay posibilidad alguna de cambiar el orden social. La mayoría de nosotros no nos damos cuenta de esto. Todo el mundo, y especialmente la gente joven, dice: «Tenemos que cambiar la sociedad». Hablamos muchísimo, pero no hacemos nada. Somos nosotros mismos los que tenemos que cambiar, no la sociedad; dense cuenta de esto, por favor. Tenemos que realizar en nosotros mismos, en los niveles superiores y en los más profundos, un cambio en toda nuestra manera de pensar, vivir y sentir; únicamente entonces será posible el cambio social. La mera revolución social, el cambio de la estructura social externa mediante la revolución física, trae inevitablemente, como hemos visto, la dictadura o el estado totalitario, que niegan toda libertad.

Realizar un cambio semejante en nosotros mismos es labor de toda una vida –no algo para sólo unos pocos días que ha de olvidarse luego–, una constante atención, un constante darse cuenta de todo lo que está ocurriendo, tanto fuera como dentro de nosotros mismos.

Tenemos que vivir en relación; sin eso no es posible que existamos. Estar relacionado significa vivir totalmente, completamente; para ello tiene que ocurrir una transformación radical en nosotros mismos. ¿Cómo podemos transformarnos radicalmente? Si esto les interesa de verdad, entonces tendremos comunicación unos con otros; entonces pensaremos juntos y sentiremos y comprenderemos juntos. Por lo tanto, ¿cómo puede el hombre, usted y yo, cambiar totalmente? Ésa es la cuestión, y ninguna otra cosa es pertinente, es una cuestión que no es sólo para los jóvenes, sino también para los viejos.

En este mundo hay un increíble dolor, un sufrimiento inmenso; guerras, brutalidad y violencia; hay hambrunas, de las no sabemos nada. Uno se da cuenta de que hay tanto que *puede* hacerse, pero que no se hace, debido a la enorme fragmentación que existe en el mundo político, con todos sus partidos, y en las numerosas religiones; todos hablan de paz,

pero la dificultan, porque habrá paz, realidad y amor únicamente cuando no exista división alguna.

Repitamos, pues: al ver esta enorme fragmentación, tanto interna como externa, la única salida para el ser humano
es llevar a cabo, en sí mismo, una revolución radical y profunda. Éste es un problema muy serio, es una cuestión que
afecta a toda la vida de uno; en él están implicados la meditación, la verdad, la belleza y el amor. Éstas no son simples
palabras. Uno tiene que encontrar una manera de vivir donde
esas palabras se conviertan en realidad.

Una de las cosas más importantes de la vida es el amor.
Pero lo que llamamos amor está asociado con el sexo, el cual
se ha convertido en algo tan tremendamente importante que
todo parece girar alrededor de él. ¿Por qué los seres humanos
–en todo el mundo, no importa cuál sea su cultura, ni lo que
digan las convenciones religiosas– encuentran el sexo tan extraordinariamente importante? Y con él está asociada la palabra "amor". ¿Por qué?

Cuando observamos nuestra propia vida, vemos que se
ha tornado mecánica; nuestra educación es mecánica; ad-
quirimos conocimientos, información, que generalmente se
vuelven mecánicos. Somos máquinas, personas de segunda
mano. Repetimos lo que otros han dicho. Leemos muchísimo. Somos el resultado de miles de años de propaganda. Nos
hemos vuelto mecánicos, tanto psicológica como intelectualmente. No existe libertad en una máquina. El sexo ofrece libertad; en éste hay libertad durante unos pocos segun-
dos, durante los cuales nos olvidamos de nosotros mismos y
de nuestra vida mecánica. El sexo se ha convertido, pues, en
algo enormemente significativo; y llamamos amor a su placer. Pero ¿es placer el amor? ¿O es el amor algo totalmente
diferente, algo en donde no existen los celos ni la dependencia ni el sentido de posesión?

Uno tiene que dar su vida para descubrir el significado del amor, al igual que uno tiene que dar toda su vida para descubrir qué es la meditación, y qué es la verdad. La verdad no tiene absolutamente nada que ver con la creencia.

La creencia surge cuando hay miedo. Uno cree en Dios porque en sí mismo está completamente inseguro. Uno ve las cosas transitorias de la vida –no hay certeza, no hay seguridad, no hay bienestar, sino inmensa aflicción–, de manera que el pensamiento proyecta algo con atributos de permanencia, que es el llamado Dios, en quien el ser humano encuentra consuelo. Pero eso no es la verdad.

La verdad es algo que se encontrará cuando no haya temor. Repito que uno tiene que prestar gran atención para poder comprender qué es el temor, tanto el temor físico como el psicológico. Uno tiene estos problemas en la vida, que no ha comprendido, ni ha trascendido; así uno continúa en una sociedad corrupta cuya moralidad es inmoral, y en la cual la virtud, la bondad, la belleza, el amor, de los que tanto hablamos, pronto se tornan corruptos.

¿Llevará tiempo comprender estos problemas? ¿Es inmediato el cambio? ¿Habrá que realizarlo mediante la evolución del tiempo? Si para ello se necesita tiempo –o sea, que al final de la vida alcanzamos la iluminación–, entonces, durante ese tiempo continuamos sembrando la semilla de la corrupción, de la guerra, del odio. ¿Puede, entonces, ocurrir instantáneamente esa revolución interna? Puede acontecer instantáneamente, cuando vemos ese peligro. Es igual que ver el peligro de un precipicio, de un animal salvaje, de una serpiente, en ese momento hay acción instantánea. Pero no vemos el peligro de toda la fragmentación que se produce cuando el "ego", el "yo", se torna importante. No sólo la fragmentación del "yo", también la del "no yo". Tan pronto existe esa fragmentación en nosotros, hay conflicto; y el conflicto es la raíz misma de la corrupción. Por lo tanto, nos incumbe averiguar por nosotros mismos la importancia de la meditación, porque estando entonces la mente libre e incondicionada, percibe lo que es verdadero.

Es importante formular preguntas, porque no sólo uno se descubre, sino también porque preguntando uno encuentra por sí mismo la contestación. Si uno hace la pregunta correcta, la respuesta correcta está en la misma pregunta. Tenemos que cuestionar todo en la vida, bien se trate de nuestro pelo corto o largo, de nuestro vestido, de la manera cómo caminamos, cómo comemos, cómo pensamos, cómo sentimos, todo tiene que ser cuestionado; entonces la mente se torna extraordinariamente sensible, despierta e inteligente. Una mente así puede amar; sólo una mente así sabe qué es una mente religiosa.

INTERLOCUTOR: *¿De qué meditación habla usted?*

KRISHNAMURTI: ¿Sabe usted al menos qué significa meditación?

I.: *Sé que existen varias formas de meditación, pero no sé de cuál habla usted.*

K.: Un sistema de meditación no es meditación. Un sistema implica un método que practicamos con el propósito de lograr algo al final. Algo que se practica una y otra vez se torna mecánico, ¿no es así? ¿Cómo puede estar libre para observar, para aprender, una mente mecánica que ha sido amaestrada y deformada, torturada a fin de ajustarse al modelo de lo que llama meditación, esperando conseguir una recompensa al final?

Existen varias escuelas en la India y más allá, donde enseñan métodos de meditación, lo cual es en realidad espantoso.

Esto implica amaestrar la mente mecánicamente; ésta, por lo tanto, deja de ser libre y no comprende el problema.

De manera que cuando usamos la palabra "meditación" no queremos decir algo que se practica. No tenemos método alguno. Meditación significa percepción; darse cuenta de lo que uno está haciendo, de lo que está pensando, de lo que está sintiendo, darse cuenta sin elección alguna; observar, aprender. Meditar significa estar alerta al condicionamiento de uno mismo, cómo está condicionado por la sociedad en la que vive, en la que se ha educado, y por la propaganda religiosa; estar alerta sin elección alguna, sin distorsión, sin desear que ello fuese diferente. De esa percepción surge la atención, la capacidad para estar completamente atento. Entonces hay libertad para ver las cosas como realmente son, sin distorsión. La mente se torna lúcida, sensible, y la confusión se disipa; esa meditación genera una cualidad de la mente que es completamente silenciosa. De esa cualidad podemos seguir hablando, pero no tendrá significado alguno a menos que exista.

I.: *¿No nos llevará este camino a más aislamiento, a más confusión?*

K.: Antes que nada, ¿no estarán la mayoría de los seres humanos terriblemente confundidos? ¿No estará usted muy confundido? Vea el hecho, averigüe si lo está o no. Una mente que está confundida genera confusión, no importa lo que haga. Una mente confundida dice «practicaré la meditación», o «averiguaré lo que es el amor», pero ¿cómo puede una mente así encontrar algo, excepto la proyección de su propia confusión? Si uno se ha dado cuenta de este hecho, entonces, ¿qué deberá hacer?

Uno está confundido y trata de alcanzar un estado de la mente libre de confusión. Uno prueba esto, aquello y diez cosas más: drogas, bebida, sexo, religión, escapes –¿comprenden?–, tirar bombas, cualquier cosa. Lo primero que hay que hacer es terminar con la acción, dejar de hacer algo. Uno tiene que detener también todo movimiento para alejarse de la confusión, de manera que no haya acción que arranque de la confesión o se aleje de ella. Entonces toda acción cesa, y sólo existe la confusión. No hay escape de ella, ni tampoco tratamos de buscar una manera de evadirla, ni de tratar de sustituirla por la lucidez; no hay ningún movimiento del pensamiento para alejarse de esto, lo cual ocasionaría mayor confusión; el pensamiento no está interesado en la acción por el momento. Entonces surge la pregunta: ¿Nos damos cuenta de que esa confusión es algo que está fuera de nosotros en calidad de "observador", o somos parte de esta confusión? ¿Es el "observador" diferente de lo observado: la confusión? Si establecemos la diferencia entre el "observador" y lo observado, entonces hay contradicción y esa misma contradicción es la causa de la confusión. Es, pues, muy importante cómo la mente observa esta confusión. ¿La observa como algo aislado, separado de sí mismo, o es el "observador" lo observado? Comprendan, por favor, una cosa tan importante como ésta. Una vez que lo hayan comprendido verán la diferencia que ello representa en la vida; todo el conflicto queda eliminado. El "observador" no vuelve a decir: «Tengo que cambiarlo», «Tengo que aclarar esto», «Tengo que vencerlo», «Tengo que comprenderlo», «Tengo que escapar de ello». Toda esa actividad es del observador, que se ha separado a sí mismo de la confusión y ha generado conflicto entre él mismo y la confusión.

I.: *Admito mi confusión.*

K.: ¡Ah! En el momento en que dice: «Admito mi confusión», es que existe una entidad que lo acepta. Usted no ve la importancia de esto. Yo observo; ¿me doy cuenta, al observar, que estoy observando como un extraño, o como parte de esta confusión? Si soy parte de ella, la mente se queda completamente quieta, no hay movimiento alguno, estoy en silencio, no me alejo de la confusión. Por lo tanto, cuando no hay división entre "el observador" y "lo observado", la confusión cesa completamente.

Y la otra cuestión era: ¿Si he de aprender de mí mismo, qué pasa cuando el mundo que me rodea, me controla, me recluta, me lleva a la guerra, me dice qué hacer política, económica, religiosamente? Aquí tengo a los psicólogos, y a los *gurús* de Oriente: todos me dicen qué debo hacer. Si obedezco –que es lo que todos ellos quieren que haga, prometiéndome al final de todo ello, la Utopía, o el Nirvana, la Iluminación o la Verdad–, entonces me vuelvo mecánico. La raíz del significado de la palabra "obedecer" es oír. Oyendo constantemente lo que otra gente me dice, poco a poco caigo en la obediencia. Si aprendo de mí mismo, también aprendo sobre otros. Y si el gobierno me pide que me incorpore al ejército, haré lo que crea correcto en el momento en que sea requerido. Una mente libre no obedece. Una mente libre es libre porque en sí misma no existe confusión alguna. Entonces usted dirá: «¿De qué sirve que un individuo, un ser humano, tenga una mente así, cuando todo a su alrededor es corrupción, confusión?». *¿Cree usted que haría una pregunta semejante si tuviese una mente así?*

¿Cuál es el significado de tener una mente tan completamente lúcida y sin confusión?

I.: *Seguramente que ya no habrá más palabras.*

K.: Ésas son especulaciones suyas, ¿no es así? ¿Cómo lo sabe usted?

I.: *Las palabras son el fundamento de las ideas. No habría ya más ideas y la mente sería libre; entonces no tendríamos relaciones, no buscaríamos más. Tendríamos silencio, completo silencio y comprenderíamos. Todo el mundo puede tener una mente libre.*

K.: Comprendo con toda claridad lo que usted dice.

Pero, antes de nada: ¿estamos preocupados por el mundo como algo separado de nosotros mismos? ¿Es el mundo realmente "usted", no teóricamente "usted"? ¿Se da cuenta de la cualidad de una mente que dice: «Yo soy el mundo, el mundo soy yo, el yo y el mundo no son dos entidades separadas»? El "yo" está separado de la comunidad, el "yo" está contra el mundo, el "yo" está contra el amigo, contra la esposa, el marido. El "yo" es importante, ¿no es así? Y ese "yo" es el que formula la pregunta: «¿Qué sería del mundo si no existiera el "yo"?». Averigüe si puede vivir sin el "yo" y entonces verá la verdad. También está la pregunta anterior: ¿de qué sirve que un ser humano en el mundo tenga una mente lúcida, incontaminada, libre... qué utilidad hay en eso? Ahora bien, ¿quién formula la pregunta? ¿Aquel que está confuso, o aquel cuya mente está lúcida, sin confusión, libre? ¿"Quién" hace la pregunta? ¿Hace la flor esta pregunta? ¿Hace el amor esta pregunta? ¿Hace usted una pregunta de esta clase cuando se enfrenta a un problema tremendo? ¿Formula usted la pregunta: «Qué valor tiene el que yo sepa lo que significa amar cuando los otros no lo saben»? Usted sencillamente ama. Usted no hace esa pregunta. ¿Cuando psicológicamente usted no tenga miedo, y todos a su alrededor lo tengan, preguntará usted: «De qué sirve el que yo no tenga miedo cuando todos los demás lo tienen»? ¿Qué hará entonces? Usted no tiene miedo y los demás lo tienen, ¿qué hace usted? Trata de ayudarme para que yo aprenda la estructura total del miedo.

I.: *¿Cómo evitamos que el idioma cree división? Cada idioma tiene su propia estructura peculiar, determinado patrón, y el idioma se convierte en un impedimento.*

K.: ¿Cómo puede uno, pues, salvar este impedimento? ¿No está bastante claro el hecho de que la palabra no es la cosa? El que usemos una palabra italiana, o inglesa, o griega, esa palabra no es la cosa. La palabra "puerta" no es la puerta. La palabra, la descripción, la explicación, no es la cosa explicada o descrita; si vemos, eso, entonces no seguiremos dependiendo de la mera palabra. Ahora bien, el pensamiento se construye con palabras; el pensamiento está siempre respondiendo, de acuerdo con la memoria, con estructuras verbales. El pensamiento está limitado por las palabras, es el esclavo de las palabras. ¿Puede uno escuchar sin que la palabra interfiera? Usted me dice: «yo lo amo», pero ¿qué ocurre ahí? Las palabras no significan absolutamente nada; pero puede que exista una sensación de relación que la respuesta del pensamiento a las palabras no ha provocado; puede que exista una comunicación directa. Por lo tanto, al darse cuenta de que la palabra no es la cosa, de que la palabra, que es pensamiento, interfiere, entonces la mente escucha libremente, sin prejuicios, como lo hace cuando decimos: «Yo te amo».

¿Podemos escuchar sin interpretar; sin que nuestros prejuicios intervengan y tergiversen, hacerlo como cuando escuchamos el canto de un pájaro? (En Italia hay muy pocos pájaros; los matan. Qué monstruosos somos). ¿Podemos escuchar el canto del pájaro sin hacer comentarios verbales, sin nombrarlo, sin decir: «Es un mirlo, me gustaría continuar escuchándolo»? ¿Podemos escuchar sin esa interferencia, sencillamente escuchar? Podemos, ¿no? Ahora bien, ¿podemos escuchar de la misma forma lo que está ocurriendo en nuestro interior? Sin prejuicios, sin ideas, sin distorsiones; tal como podríamos escuchar esa campana *(sonido de la campana); sin ninguna asociación, escuchando sencillamente su sonido puro. Entonces uno es el sonido, no está escuchando el sonido como algo separado.

I.: *Para hacer eso necesitamos practicar.*

K.: ¿Para escuchar así necesita practicar? ¿Alguien tiene que enseñarle? Tan pronto alguien le enseña, ahí está el *gurú* y el discípulo, la autoridad y el aprendiz. Ahora bien, cuando esa campana sonó, ¿la escuchó usted sin interpretar su sonido, con total atención? Si se dijo a sí mismo, «es mediodía», «¿qué hora es?», «es hora del almuerzo», entonces vio que no estaba prestándole en realidad completa atención a ese sonido; de manera que usted aprendió –no fue enseñado– que no estaba escuchando.

I.: *Hay diferencia entre una campana que suena o un pájaro que canta, por un lado, y una palabra en una oración, la cual está entrelazada con otras palabras. Puedo aislar el sonido de un pájaro, pero no puedo aislar una palabra en una oración.*

K.: Escuchar un pájaro es algo objetivo, externo. Pero ¿puedo escucharme a mí mismo cuando uso una palabra en el contexto de una oración, puedo escuchar la palabra y estar libre de ella y de su contexto?

Usted puede que diga: «Ésa es una mesa bonita». Le ha dado cierto valor a esa mesa; la ha llamado bonita. Yo puedo mirarla y decir: «¡Qué mesa tan fea!». De manera que la palabra indica su sentimiento, no es la cosa real; cobra vida como una idea asociada. ¿Puede usted mirar a su amigo sin la imagen que ha creado de ese amigo? La imagen es la palabra, el símbolo. No podemos hacerlo porque no sabemos cómo ha sido construida la imagen. Usted me dice algo que es agradable y con eso construyo una imagen, o sea, la imagen de que usted es mi amigo; otro me dice algo que es desagradable, y de forma similar construyo otra imagen. Cuando me encuentro con usted lo veo como a mi amigo, pero cuando me encuentro con el otro no lo veo como a un amigo. Pero ¿es posible que la mente no construya ninguna imagen, aun cuando uno diga cosas agradables o desagradables? Puede dejar de construir imágenes cuando presta atención, entonces no existe la formación de imágenes, puedo escuchar... escuchar sin ninguna imagen.

I.: *¿Sería posible volver a lo que usted decía al principio sobre nuestro cambio en la sociedad? ¿Cómo es posible que cambiemos realmente cuando estamos obligados a mantener nuestras relaciones? Yo vivo en el mundo capitalista, y todas mis relaciones tienen que ser capitalistas porque de lo contrario me muero de hambre.*

K.: Y si viviera en el mundo comunista, también allí usted se amoldaría.

I.: *Exactamente.*

K.: ¿Qué haría usted, pues?

I.: *¿Cómo puedo cambiar?*

K.: Usted ha formulado la pregunta así: si vivo en una sociedad capitalista, tengo que amoldarme a las exigencias capitalistas, pero si viviese en una sociedad comunista, totalitaria, burocrática, también tendría que hacer exactamente las mismas cosas, ¿qué haré, pues?

I.: *No creo que fuese la misma cosa.*

K.: Pero es la misma estructura. Puede que allá tenga el pelo corto y que tenga que irse a trabajar, y hacer esto o aquello. Pero está dentro de la misma vorágine. ¿Qué haría usted? Si un ser humano se da cuenta de que el cambio interno dentro de sí mismo es de primordial importancia –no importa que viva aquí o allá–, ¿cuál sería su preocupación? Tiene que transformarse a sí mismo: pero ¿qué implica este cambio? Liberarse del miedo psicológico, liberarse de la codicia, de la envidia, de los celos, de la dependencia, liberarse del miedo a estar solo, del miedo al conformismo, ¿no es así? Si usted tiene todas estas cosas operando en su interior –sin que exista conformismo alguno–, vivirá como le parezca mejor, aquí o allá. Pero por desgracia para nosotros, lo importante no es la revolución interna, sino cambiar esto o aquello exteriormente.

I.: *¿Y, entonces, qué pasa si alguien me mata?*

K.: ¡Ah!, nadie puede matar a un hombre libre. Pueden sacarle los ojos, pero interiormente es libre, y nada puede afectar a esa libertad.

I.: *¿Nos daría usted una definición del egoísmo?*

K.: Si desea una definición búsquela en un diccionario. La definición…, por favor, he expuesto muy cuidadosamente que la descripción no es lo descrito. ¿Qué es este yo que está todo el tiempo aislándose a sí mismo? Aun cuando amemos a alguien, y a pesar de que durmamos con alguien, etcétera, siempre existe el ego que está separado; con sus ambiciones, sus temores, sus agonías, ocupado en compadecerse a sí mismo. Mientras exista ese yo, habrá separación, y mientras eso exista habrá conflicto, ¿de acuerdo? ¿Cómo puede desaparecer ese yo... sin esfuerzo? Tan pronto hacemos un esfuerzo, existe el llamado "yo superior" que está dominando al "yo inferior". ¿Cómo puede la mente disipar eso que llamamos el "yo"? ¿Qué es el "yo", ¿es un conjunto de recuerdos?, o ¿es algo permanente? Si es un conjunto de recuerdos, entonces es del pasado, es lo único que tenemos y no es nada permanente. El ego es el "yo" que ha acumulado conocimientos y experiencias, como memoria, como dolor; y eso se convierte en el centro desde el cual se origina toda acción. Vea cómo es realmente.

Toda religión, toda sociedad y cultura se da cuenta de que el "yo" desea expresarse; la autoexpresión es tremendamente importante en el arte; es también muy importante en su afirmación por dominar. Toda religión ha tratado de destruir el yo: «No se preocupe por el "yo"», «Ponga a Dios, o al Estado, en su lugar». Pero eso no ha tenido éxito. El yo se ha identificado a sí mismo con Dios –no importa lo que eso sea–, y así continúa. Lo que decimos es: observemos ese yo en funcionamiento, aprendamos sobre él, observémoslo, démonos cuenta de él, no lo destruyamos, no digamos «Tengo que deshacerme de él», o «Tengo que cambiarlo», sino limitémonos a observarlo, sin elección alguna, sin ninguna distorsión; y entonces, por *ese mismo observar y aprender, se desvanece el yo*.

Roma
21 de octubre de 1970